今天雖然很好，但不知道明天會怎樣

羽茜——著

目錄

關於——愛 Love

關於——家庭 Family

關於——受傷 Hurt

關於——中年 Midlife

前言

和過去受傷的自己
說聲「謝謝」再說再見

二〇二一年的夏天，在家中幫孩子慶生；往年孩子生日都會帶他們出去玩，但是今年因為疫情，孩子已經停課兩個月，每天都關在家裡。還記得二〇一九年疫情爆發的時候，沒有人想到這個疫情會席捲全球，更沒有想到它會大規模地改變了我們的生活方式。

過去，覺得理所當然的事情，像是出門旅遊、親友聚餐，現在都變得彌足珍貴。有時會想，不知道明年、孩子又長大一歲時，世界會是什麼樣子呢？

我在心中默默祈禱，希望那時疫情已經平息，生活回到常軌，我們終於找到和病毒，以及與自己內心恐慌和平共處的方式了。

會如此幻想未來，可能是因為我從以前就是一個會跳越時空思考的人。這樣講好像很特別，其實就只是習慣了在當下遇到困難、很鬱悶的時候，去想像未來的自己；然而，也不全然是靠自己的想像。

我很喜歡閱讀作家，或不同專業領域人士的生活隨筆，而他們多半年紀都比我年長，所以我是靠著在書中認識這些人生的前輩們，然後跟著想像：當我到了他們那個年紀時又會如何，來重新感受眼前的困難。

有一點像是練習回望。想像在未來，當我回想起現在時，會是什麼樣的想法和心情。然後，比較樂觀、懷抱希望地想著，到時應該能笑著說：「當時真的很辛苦呢！」換言之，**讓自己期待那一天**

的到來，就是我面對眼前困境，或是感到不知所措時的方法。

雖然心中仍會有不安，也會有「這些問題，真的到時候就會好了嗎？」的懷疑和恐懼，但是我在幾次類似的經驗之後學到，我們本來就沒有辦法控制所有的事情。反之，讓自己懷抱希望，勇敢地活在當下，才是我們唯一能做的事。

以爲還很久以後的中年，沒想到一轉眼就到了

讀研究所時期，我經常看一本由日本作家曾野綾子寫的書《中年以後》。記得當時還被大我十幾歲的教授笑，說怎麼二十出頭就在看這種書。

事實上，當時的我因為論文卡關感到非常焦慮，有種被困在當

下的感覺。然而，藉由閱讀這本書，看著作者說起中年以後的各種事情，不管是結婚、照顧家人、為生計煩惱，以及她個人對於中年之後該怎麼度過的人生觀，反而覺得非常療癒，有種「原來我到那個時候，會在煩惱跟論文完全不同的事情啊！」的感覺。

在現在不知道如何擺脫，也不知道自己究竟能否克服的難關面前，不是更努力去探討或者向其他人求助，而是直接跳過，想著「不管怎樣，未來的我，一定已經離這關很遠很遠了吧！那時候的我，可能也會有新的煩惱。未來的我回想起來，會覺得論文考試根本不算什麼，甚至覺得碩士文憑這種東西，就算沒拿到也沒關係，會有這樣的想法也說不定。」我就是這樣想，才覺得看這本探討中年以後的書，非常療癒我心。

而事實也真是如此。當時很令人憂鬱，覺得不知什麼才算是好的碩士論文，現在想起來，不管是終於寫完了畢業，還是真的寫不完就算了，都是沒什麼大不了的事啊！我恍然發現，很多執著都是可以放下的，只是當時放不下；能夠這樣想，就是所謂的笑談過去吧！而我也好像在一瞬間就來到了，作者當時寫的那個主題：中年以後。

原來人生，無論當下覺得時間再怎麼緩慢、彷彿永遠都走不到下一個中繼點，實際上，還是轉眼就到了。

中年以後，我也持續著年輕時的習慣，在遇到困難時，不是去找專門探討如何度過難關的書，而是去尋求那些，乍看之下沒有太大關聯，卻能幫助我，從自己內心找回力量的文字；若找不到的時候，就自己寫。寫的時候只是把痛苦寫下來，感覺上，沒有發展出任何解決問題的方法，但總是在事後，證明了書寫本身，其實就是從自己內心挖掘力量的過程。

人生到了這個階段，關於愛情、婚姻、家庭和人際關係，都會遇到許多問題，產生很多不同的想法，也會驚訝於，原本一直以為人的想法在成年之後就已經定型，但是實際上並非如此：人，是會一直改變的。**很多事情在年輕時只是想像，而在實際經歷過之後，隨著時間流逝，又會有不同的感觸。**

這本書，就是「現在的我」和「過去的我」對很多事情的不同感受，也是我療癒自己的過程，希望讀者在閱讀時也能和我一樣，即便不是那麼直接地提供了問題的答案，也有種喚醒自己內心深處，原本就存在的力量的那種感覺。更重要的，希望各位在讀完之後，都能了解無論「過去的你」如何傷痕累累，都是成就「現在的你」的一部分；生活就是懂得擁抱傷口緩慢前行，這樣就很幸福了。

關於 關係

Relationship

「無論貧窮、困苦、疾病，都會對彼此不離不棄」的婚姻誓詞，之所以如此令人感動，是因為我們都知道，最珍貴的，是在對方沒那麼討人喜歡、生活沒那麼快樂的時候，仍然選擇為了對方，也為了這段關係而繼續努力的這份心意。

如果人們對關係能抱持一種「今天雖然很好，但是不知道明天會怎樣」，那種彷彿面對未知宿命一般，承認自己無法掌控一切的心情，或許，也就會比較懂得珍惜當下，任何時刻都能和別人好好在一起吧！

親密關係的本質

聽說，日本在三一一大地震之後，結婚的人突然多了起來。然而，根據日本厚生勞動省的數據，其實結婚的人數在三一一大地震發生的二〇一一年及其後的兩年，都沒有明顯的變化。

話雖如此，我也確實查到專門提供相親服務的婚友社表示「在三一一之後，配對成功的人數變多了」這樣的說法。我想會有這樣的消息，可能是因為在大災難之後，原本抱持不婚、獨身主義的人突然改變了想法，覺得在恐慌時有個能聯繫的對象，這個對象不是朋友而是家人的感覺很好；這樣的說法，聽起來十分符合我們對人性的認識。

也有人說，在震災發生時，和原本只是朋友的人彼此聯繫、關心近況，變成能分擔恐慌和壓力的人，就在不知不覺中變成情侶然後結婚了。確實如此，在我看來**婚姻和家庭，本來就是一種互助關係**。

患難見眞情的「眞情」，一定是好的嗎？

平時一個人可以過得很好，遇到困難或緊急狀況時，可能會需要比友情更深刻、更緊密的連結。這個時候，或許就會覺得家人還是不同於朋友，進而萌生要更常與家人聯繫，或是建立自己家庭的想法。

當然，也有可能，原本就已是家人或伴侶的彼此，卻在遇到危難時，察覺到對方根本不是可以與自己互相幫助的人；無論是精神上或物質上，在一起的時候都比一個人時還要孤獨，因此毅然決然地切斷這段關係，重新回到單身狀態。又或者，雖然沒有分開，但是在困難的時候被對方不聞不問，或是因為想法的差異太大而遭到類似攻擊的印象過於強烈，所以就算緊急狀態過去、彼此的關係看似沒有改變，卻在心中留下難以痊癒的傷痕。

所謂的患難見「真情」，不見得都是正向的，也可能因為遭遇患難，反而看清了對方在關係中的無心或無力，又或者意識到自己在這段關係中，已經無心、也無力再去扶持對方了。

雖然和地震那樣的災難不同，但我想，疫情肆虐的期間，應該也有不少如人飲水、冷暖自知的故事。

關於自己選擇的伴侶，究竟是不是一位可以一起度過困難的人、未來還想不想一起走下去，應該每個人都有自己的答案。儘管這個答案不好找，但不要忘記要和伴侶共同面對，因為在危難時互相幫助，才是親密關係的本質。

「緣分」和「努力」一樣重要

朋友之中，有的人是靠著不限制彼此自由來維繫婚姻關係。簡單來說，就是各過各的；在不同縣市各自有房子，只有在「喜歡的時候」再共同生活。他們大概是一周一半的時間在一起，一半的時間分開。年輕時兩人因為子女和工作地點，不得不同住一個屋簷下，卻時常為了各自的生活習慣、度過周末的方式不同而吵架。到了退休之際、子女也長大了，這種爭吵終於暫時停歇，選擇分開居住，彼此有點距離，關係意外地開始產生美感。

然而，新冠肺炎爆發後，畢竟疫情下獨居還是令人較為擔心，所以他們兩人又開始很長一段時間必須住在一起；這種開心時才在一起，不開心時可以分開的「平衡」就被打破了。這次，兩個人都開始覺得彼此之間的差異，與其說互補不如說互斥。年輕時互看不順眼而時常爭吵，沒想到在婚後數十年，又重新開始了。

這時，究竟該說兩人是真的不適合，只是現在被疫情綁在一起，終究沒辦法再逃避現實？還是說**如果沒有疫情，兩個人用這種方式相處，關係可以一直很和諧，其實也算是一種白頭偕老呢**？

在聽說他們離婚的時候，我心中有些感嘆。果然一段關係能否維持，看的不只是個人的努力，很重要的，還有緣分。

如果不是疫情逼著兩個人必須朝夕相處，直接面對那些實際上內心一直覺得與對方不適合、恢復單身是否會更好的迷惘，或許這兩個人就一直這樣，比起夫妻更像朋友的相處，還是會很幸福。只是現在行動失去自由，沒辦法在空間上保持距離時，反而會使人開始思考，現實中離開這段關係，是否對彼此來說更好？因為若不做到這種地步，兩人被強綁在一起，一直吵吵鬧鬧勾起太多新仇舊恨，彼此也都很痛苦。

當然，這大概是在因為疫情而有所轉變的關係中，比較極端的案例。雖然有些人一聽到結局是離婚就覺得可惜，但我總覺得，要避免使用「好」或「不好」的方式，來評斷一段婚姻的最終結果。

離婚，也許是另一段好關係的開始

即便不能做夫妻，或許做朋友的時候，還可以找回對彼此的相互欣賞。因為不同的個性，或許更能互相幫忙也說不定。

比起當朋友，夫妻因為必須共同決定的事物太多，有時就是會陷入「我是對的、你是錯的」的死結，而變成兩種性格無法共容，也會越看越覺得對方在扯自己後腿。這種時候只有恢復朋友的距離，才有辦法找回人與人之間，原本就該有的相互尊重。

年輕的時候要考慮小孩的福祉，使得分開變得很困難。就某個角度來看，現在「朋友夫妻」的選擇說是因疫情離婚，其實跟熟年離婚也有些相似，就是：在孩子都已經長大，不再需要父母的共同照顧，夫妻終於可以回歸到單純伴侶的身分，開始認真考慮自己剩下的人生，究竟是否還要跟這個人一起生活。

而我認為這樣的決定，並沒有所謂的「好」或「不好」，端看個人的選擇，只要能忠於本心，彼此都覺得問心無愧，就是一件好事了。

「得過且過」也是種不錯的關係選項

一段能長久維持的關係，總要經過某些困難後，才會知道彼此是否是對的人。因為在困難中，最容易暴露出彼此性格上的不成熟，或者原本就不適合的地方，進而開始無法隱藏關係本身的脆弱。

現在很流行一個說法叫「神隊友」，就是說小孩出生之後，夫妻之間突然多了父母這個身分，有了大量的分工要協調，精神、體力，物質上都必須互相支持。有的人被認為天生就很懂得協助，就是神隊友，反之，有的人因為只會扯後腿而落入「豬隊友」之列。

因為疫情，或者個人的狀況，而必須一同面對生活上的轉變，

Relationship

因而產生心理壓力的伴侶，我覺得跟新手父母的階段很類似。當中，有些關係因而沒有辦法繼續下去，也有些是留下難以痊癒的傷痕，還有一些則是在經歷過這些之後，關係變得更加穩定。

當然，可能還有更多的是不好不壞，也就是，雖然不覺得滿意，但又好像還可以將就；原先的浪漫愛情雖受到現實打擊了，但在失望之餘，又覺得好像是「還可以接受」的程度。畢竟人人都像電視劇那樣，一受到打擊就轉投他人懷抱，或者毅然切斷關係，相信會有更好的人在別處等待，這樣的發展，在現實生活中真的是少之又少。

人們期望在關係中尋求互助，即便互助的程度無法達到心中的理想狀態，但因為要離開一段關係的成本，也不是每個人都能負擔的，所以有些人選擇「得過且過」。**得過且過也是一種生活方式，雖然聽起來不是很積極，但也有種順其自然的感覺**。總之，最重要的是不要在彼此互助的這段期間，在自己和對方的心中，留下過於深刻的傷痕。

關係中沒有所謂的完美主義

我們都是普通人，總會有不小心、無法克制地傷害到他人的時候。沒有一段關係是完美的，為此，一定要記得不要「過度」，要盡可能地，將彼此傷害的程度降到最低。

遭遇過困難但關係依然很好，或至少關係「還算和平」的伴侶，未必就是對彼此非常滿意。只是彼此在對對方感到失望、體會到關係的不完美和孤獨時，沒有放縱自己因為憤怒、傷心而過度地去傷害對方而已。

即便自己很失望、很孤獨、很挫折，對於對方的無心或無力，有一種「事情不應該是這樣，如果要譴責對方，其實可以理直氣壯」的感覺。但是可能是因為個性，也可能是因為考慮到彼此的感情，總之在溝通的過程中，沒有對伴侶非常嚴厲。換言之，就是沒有得理不饒人，能為對方「留點餘地」，思考在關係中，其實每個人都有各自的道理。例如：「我現在這麼辛苦，你不是應該來幫忙我嗎？」這句話雖然常是對的，但是轉換立場站在對方的角度來看時，也有可能對方的心情是一模一樣：「我也很辛苦，你不是應該放我一馬嗎？」

重點不在於誰比較辛苦，所以誰責備起對方時更有立場，而是能不能在自己很辛苦、對對方很失望時，還能去想到或許對方也有他的困難之處。僅僅是「願意」這樣去想像，而不是一味地主張只有自己在受苦，那就是一份對關係的善意，能夠支持彼此一起走過所有低潮吧！

永遠當個最熟悉的陌生人

「做為女人的困境就是，我們可能現在結婚，過了五十年，這段期間對你而言我可能一直都是陌生人，可是你卻不知道。」——《喬凡尼的房間》（*Giovanni's Room*）

陌生人。看到這段時感覺被雷打到，沒錯，這就是我想說的感覺。

在婚姻或伴侶關係中，說到底，自己對對方而言，或者，對方對自己而言，其實都是陌生人。那種陌生是注定存在的。陌生不是「壞的」；雖然聽起來很可怕，因為陌生讓人感覺難以捉摸、彷彿自己無論再努力、再用心，也沒有辦法完全地了解對方。但是在我看來，這種陌生感令人聯想到命運，就像戀愛的感情，有時就是以陌生感為基礎，一種命中注定、無法捉摸和徹底了解自己命運的感覺。

遇見某個人，然後在某個瞬間，突然意識到，自己跟這個人的關係是特別的。那是一種奇怪的直覺，表示這個人對你而言，有某種只能用「命運」解釋的神祕感，就像是一個無法捉摸的「陌生人」。

這種陌生和神祕感是愛情的基礎，所以我總對於，在連續劇或小說中時常安排一些橋段，是讓主角突然產生彷彿從來不曾真正認識伴侶的那種「陌生恐怖感」後，接下來就要遭受背叛或傷害的情節走向，不是很認同。

事實上，陌生感產生之後，接下來發生的不全然是背叛或傷害。或許，是為了戲劇效果，故事中總把對方陌生的感覺描寫得過於負向。但在我看來，對已經進入婚姻，或者任何一段親密關係中的人來說，那種陌生並不全是壞事，**陌生並沒有那麼可怕，可怕的**

是，「不知道」陌生的存在。

換言之就是無知，一種明明不知道、對伴侶不了解，卻覺得這個世界上再也沒有人比自己更了解他或她的「傲慢」，這才是真正可怕的。

自以爲是的傲慢，經常是關係破裂的起點

知道自己對一個人有陌生的感覺，能讓我們帶著一點對關係的敬畏，與這個人相處。因為你知道，不可能完全了解對方，即使相處了十年、二十年，甚至三十年，對方的個性和想法、當下的感受，仍然是我們無法全知，更不可能去操控的。

我總覺得，伴侶之間如果能一直保有這樣的意識，比較不會因親暱生侮慢，也不會在不知不覺中，因為習慣而無法發現對方的改

變，說得更具體一點，是「能一直把對方當成一個活生生的人」。既然是人，就會有改變的可能，也就會有矛盾和不可知的欲望。而「陌生感」會驅使我們持續去認識對方，不會因為相處久了，就停止了想要了解對方的心。

所以，關係之間最可怕的不是突如其來的陌生感出現，而是因為相處久了所以忘記了，對方對自己來說，永遠存有那個陌生的部分。自以為了解對方，所以懶得去詢問或關心，自認為知道對方所有的一切，下一步，就是認為對方是自己可以掌控的對象。

關係中應該有的平等和互相尊重，有時就是在這種陌生感消失後，也跟著消失了。

在一起很久，不等於了解彼此很深

我和先生，是在我十九歲的時候就認識了。我們交往九年才結婚，婚姻邁入第十年。不只是見過彼此還是學生時的青澀模樣，也一起面對畢業、進入社會、成家的重大轉變。照理來說，我們對彼此的認識應該是很深刻的，但我總認為，無論再怎麼了解對方，也不可能宣稱自己「完全」了解另一個人。

比方說有一次，我遇到寫作低潮，先生沒有如我預期的安慰我，應該說他雖然安慰了，但他的表達方式，是給人「這到底是安慰？還是補上一刀？」的錯愕感。我因此更覺得傷心，但是就在我想要抗議的時候，他說了我沒有預期的話，他的心事。

「其實我很羨慕妳。」

因為太驚訝了，我一時說不出話來回應。

先生是個普通的上班族，一直都很支持我的創作，但是最近，好像突然產生了複雜的心情。覺得我過得比他好，或者說，過得比較有意義，讓他對自己產生懷疑。

「我不是說我想要寫作或什麼的，因為我知道自己不是那塊料，但就是覺得妳做的事情可以讓別人高興，讀者喜歡妳的作品，但是我呢？工作到底是為了什麼呢？」

雖然他說自己並不是因為羨慕我，對我的態度才如此冷淡，但是理智上知道要安慰我，和感性上覺得「不管怎樣，能夠持續創作已經很好了吧」這樣的想法，多少還是影響到他對我的態度。

因為我從來不知道他有這樣的想法，那一瞬間真的非常驚訝，也不知道該說什麼，這在我們這麼漫長的相處時光中，是很少發生的事情。

當然，我很高興他把自己的心事說了出來，因為這對於不善言詞的他來說，其實是很大的進步，也表示我們的關係還算穩定，能對彼此坦承內心。但是，就因為毫無心理準備，而且在毫無預期的情況下聽到他有這樣的想法，我感覺好像是我應該要安慰他，而我卻吶吶地說不出任何話來。當下，我暫時忘記了自己寫作低潮的煩惱，開始思考我所不知道的他的事情。

是職場倦怠？還是中年危機？就是人到中年，對自己一直在做、從未懷疑過的事情開始感到迷惘，覺得自己好像做錯了選擇之類的……，如果是這樣我該怎麼做呢？我能做什麼讓他感覺比較好嗎？

我在腦袋裡轉過了好多的念頭。但我知道正確答案是什麼不重要，因為，對人生的迷惘，或許永遠不會有唯一正確的答案；唯一能做的就是陪在彼此身邊，一起度過人生中不同階段和不同迷惘的時時刻刻。

只是我那份驚訝的感覺揮之不去，因為我突然意識到，即使自認為非常了解對方、在一起這麼多年、同為孩子的父母、以為已經沒有更多未知的部分，實際上，一個人還是不可能徹徹底底了解另一個人。

陌生感，能使關係常保「溝通」意識

在他說很羨慕我之前，我還以為他會像平常一樣，為自己的態度不好而道歉，解釋自己只是不善表達而已。沒想到，背後還有其他的理由，而且和過去不一樣，他自己也說這是最近才開始產生的，對自己感到懷疑的心情。

雖然我和先生的生活看似一成不變，就是一起顧小孩、一起吃飯、一起看電視，但實際上「人」並不是看起來一樣，就表示內心沒有變化。人是會一直改變的，會有長期的變化，也會有當下的波動。一個人的想法和情緒，聽聞一件事情時的內心反應，言行之間是否有矛盾，或者是在自欺欺人什麼的，有時就連當事人自己都無法完全掌握，更別說另一個人可以全部理解明白了。

因此，無論關係再怎麼親密，是親子或伴侶，在某個意義上，我們永遠都是彼此的陌生人。也正因如此，隨時都要去思考如何跟對方相處，即使是每天習慣的事情也一樣。**一定要記得對方的想法，今天可能會和昨天不同**。

有時候即使說著一樣的話，也未必出於同樣的動機，人內心深處的想法，和表現出來的又可能有落差。人是很複雜的動物，很多時候同樣一句話、一個表情或動作，背後都可能承載不同的意義。

Relationship

雖然相處很久的伴侶，在對別人描述自己的另一半時，總是會說「他／她就是這樣」、「這就是他／她的個性」，即便如此還是要記得，關於人，所有已知的事情，都有可能被「瞬間」推翻。

人有變化才是正常的，雖然變化或許令人感到害怕，但如果能把這件事情放在心中，或許就能降低一點，兩個人因為在一起太久，自認為理解而變得傲慢、疏忽，沒能發現其實兩顆心正在漸行漸遠的機率吧！

在關係中，如果被對方視為理所當然，開始用習以為常的態度對待，也會想抗議真正的自己並不是「不會變的」，希望對方可以用心觀察，而不是擺出那種「反正你／妳就是這樣」，好像自己就是家裡的一件家具般的態度。

無論什麼時候，也無論在一起多久，所謂的珍惜這段關係，或者是認真地「經營感情」，我覺得都不是網路上流行的說法，像是：女生要學著撒嬌、情侶要時常互給驚喜、投其所好什麼的，那都只是節慶般的點綴，影響範圍並不長久。

真正的珍惜和經營一段感情，是要在平凡的日常中，隨時把對方當成「陌生人」，認真地傾聽對方傳達的訊息，觀察關係中的變化，在有需要的時候，陪伴彼此左右。**陌生感並非敵人，而是一種應該要時常保有的意識**。

在一起很久的伴侶，有時會覺得對方對自己的認識還不如外人，覺得對方難以溝通、不重視自己的心情，就是因為其中一方或雙方，否定了關係中的陌生，自以為彼此非常了解，反而不再彼此傾聽的緣故。

「關係」不是用來填補內心的空缺

看完日劇《中學聖日記》，心中有些感嘆。雖然劇情的主線是女主角小聖，和自己班上的學生黑岩的師生戀，但是看著她和原本的未婚夫勝太郎漸行漸遠的過程，反而讓我對這齣戲有更多的感觸：人跟人會分開，有時候不是感情好不好的問題，而是每個人的內心，總是有一些欠缺的部分。

小聖和勝太郎的關係原本是很穩定的，她對一直很優秀的勝太郎感到憧憬，覺得只要看著他的背影，就能產生自己也要好好努力的心情。總之，就類似「和他在一起，能給自己成長的動力」的那種對象。如果就這樣結婚，應該會是一對很好的伴侶，剛好勝太郎也是對自己充滿自信，喜歡保護柔弱妻子的那種人。

但這時，小聖班上的學生，和她相差十歲，才十五歲的黑岩，對她展開了熱烈的追求。他強烈地表達了「我需要小聖」、「不是小聖就不行」的心情。對於剛出社會，對自己沒有什麼自信的小聖來說，不知不覺地就變成了內心的救贖。

如果這個時候在身邊的人是勝太郎，應該也會用不同的方式接住她內心的不安吧？好好回應她究竟是否能成為一個好老師，實現一直以來的夢想。但就這麼不巧，兩人是遠距離戀愛，好幾次對話都錯過了坦承內心的機會，使得兩人漸行漸遠。小聖從原本備受祝福的交往關係中出軌，踏上不容於世人、也不受到祝福的師生戀。

我在觀劇時，沒有把重點放在師生戀究竟可不可以、兩人究竟該如何得到幸福上，而是忍不住去想，如果不是各種陰錯陽差，或許她和原本的未婚夫勝太郎，還是可以幸福長久地走下去。

女弱男強或許是個潛在的問題，也有觀眾認為，就算沒有黑岩，小聖和勝太郎的關係本來就不平等，但是我卻認為：**到底有哪一對伴侶，能做到關係中「完全沒有問題」的呢？或許只是程度差異而已**。勝太郎的強悍和小聖的柔弱，本來就是這段關係開始的契機，只是當情況轉變，原本的互補變得像是互斥，反而成了變心的理由。這時說他們本來就沒辦法長久走下去，只是結果論而已。

就像小聖和黑岩，皆受旁人保護，在關係中都屬於脆弱一方的兩人同病相憐，因此在相遇時成為彼此的救贖。但是，若在不同的情況下，這樣的共同點，也可能會變成關係的危機吧？

外遇、劈腿，往往是凸顯了關係中原本就存在的問題，但是又有哪一段關係，能做到百分之百沒有問題的呢？

在看見關係破裂時，人們總是會想知道：是否原本就有潛在的威脅了？想從源頭去防堵是人之常情，但是這樣的想法卻往往忽略，其實關係中會有一些問題、一些不平衡的地方，也是很正常的。因為本來就沒有任何一段關係，可以滿足一個人內心所有的空缺，**完美的關係並不存在，就像沒有完美的個人**。

人總是會有相互矛盾的需求，像勝太郎那樣令人嚮往、在一起時覺得可以依賴的心情可能是必要，但是人也有「被需要的需要」。有時候，也會想要感覺是自己比較強大，有種能讓對方更依賴自己的安全感。因為本質上是矛盾的東西，所以本來就很難在一個人身上同時得到滿足。

在這齣劇中，兩人的關係因此發展出一種慣性，是勝太郎走在前面，小聖跟在後面，在同一個城市裡居住時還好，分隔兩地，原本剛好的距離感就被破壞了。小聖心裡那個雖然可以依賴對方，卻因此自覺不被需要、配不上對方的「空隙」越來越大，就被這個剛好在年紀、社會歷練等各方面都還很幼稚、很需要她的國中生闖了進來。

各自都曾經努力，卻還是不能改變關係的發展，可見得一段關係能否長久，並不完全取決於個人的努力。緣分，甚至可以說命運，在個人努力所不能及的地方，影響著一段感情的走向。

原本的佳偶，走向分離是令人唏噓，但是一段感情走向破裂的過程，卻也可能是一段個人成長的故事。

不妨從破裂的關係中，發現自我成長的契機

故事的最後給我一種感覺，就是這個故事的主軸雖然是愛情，但是女主角從未婚夫、老師和父母，或者是其他保護著她的人的身邊「獨立」了，才是故事背後想要傳達的重點。因為她在人生中一

直是個乖乖牌，從來沒有犯過錯誤，也就沒有機會發展出從錯誤中成長的那種成熟獨立。所以當她犯了錯，而且所有能替她承擔的人都離她而去，使她不得不獨自面對犯錯的後果時，她才是真的有機會，學習成為一位大人。

雖然這個過程傷害了很多人，付出很多代價，也讓人想知道究竟是哪個環節出錯，才會讓原本一帆風順的人生走到這一步。但是對女主角來說，對自己原本人生計畫的破壞，有種命運的必然性。

我因為很喜歡劇中，她和未婚夫在一起時的氣氛，所以總是覺得這樣的發展有點可惜，但是也有種感覺：每個人都有自己成長的道路，也有自己的故事，說的玄妙些，甚至可以說，每個人都有自己的命運和課題必須完成。

因此，人跟人之間，能否一直好好地走下去，還是只能陪伴一段之後就分道揚鑣，真的是很講求緣分。

幸福，不是努力就能掌握的事情

年輕時，聽說誰誰誰明明有交往的對象，卻又喜歡上別人了，總覺得「反正先變心的人就是有錯」、「辜負別人就是不對的」。但是，隨著年紀增長，也開始覺得對錯只是外界的評斷，因為感情關係的內在，有著更多無法用對錯來定義的道理。

或許就是因為如此，人們發展出一種曖昧的態度，只能說些「這種事情也是有可能的」這種含糊不清的說法。我想就是因為年紀和人生經驗的增長使人不得不意識到，所有與感情有關的事情，都十分複雜。

有時，也會懷念過去單純的自己，能用非黑即白的眼光看待一切。但是，如果一直把很多原則都視為絕對，好像也會在不知不覺中，變成無法理解人性複雜的人。或許，能理解到人很複雜、會犯錯、會軟弱，其實也是一種成熟的展現吧！而這種態度不只是讓自己對別人寬容，有時，也會因此寬容自己，原諒自己曾經犯下的錯。但也因為人是很軟弱的，所以沒有一段關係，能做到百分之百的安穩。

就像關係中的陌生感一樣，乍聽之下很可怕，但是如果能時常意識到這點，我覺得這並不是壞事。

如果人們對關係能抱持一種「今天雖然很好，但是不知道明天會怎樣」，那種彷彿面對未知宿命一般，承認自己無法掌控一切的心情，或許，也就會比較懂得珍惜當下，時時刻刻都能和伴侶好好在一起吧！

放下想要掌控一切的念頭，才不會遍體鱗傷

明白人不可能控制另外一個人之後，就會知道兩個人在一起的時間是多麼珍貴。足夠細心的話，也可能會更敏銳地察覺到兩人之間有哪些隱藏的危機。但是去發現它，並不表示要加以掌控。因為，人也不能一直活得那麼緊張，一直在想今天的幸福明天就可能會失去，或者一直在擔心自己會做錯事，對方的心情可能會改變等等。

未雨綢繆有時是好的，但是平日裡太多悲觀的預測，也會對關係造成無謂的壓力。

有些時候，就算看到了好像不太好、未來可能會因此走向分離的某種暗示，也只能推測一下這件事情發生的機率，不能過於在意。因為人總要生活、要工作、要做家務，時間心力有限，有些人光是顧好自己的人生，就已經自顧不暇了。再說，就算真的敏銳地

察覺到，關係中存在著某些風險，覺得「這件事情長久下來可能會是個問題」，也不表示就能用自己單方面的力量去解決。因為很多時候，一個人內心的成長，不是身邊的人做了些什麼，就有辦法阻止或改變其走向的。

每個人都有屬於自己的人生故事，身邊的人再怎麼在乎、關照，也沒辦法去代為解決成長過程中必須面對的困難。比如說：在感情關係中，如果其中一方，在對方身邊會感到自卑，那也有可能對方越是意識到這件事情而想加以避免，但如此一來，反而只會使自卑的感受更加深刻。

在我看來，兩個人如果要能互相幫助，首先想要幫助的一方，必須把自己的力量減弱，弱到和對方相同的程度，兩個人的頻率才會一致，方能有實現對話的可能。這樣的說法我是從日本知名臨床心理師河合隼雄的書中，閱讀到的：**要進入一個人內心的幽暗，有**

時候自己也必須跟著沉下去。但那是很需要技巧的事情，有時就連資深的心理諮商師，在面對他人的困難時，也不一定能每次都做得很好。專業尚且如此，用世俗的、一般的談感情的方式，可能根本就達不到那般的內心深度。

我們終究只是平凡人，不可能靠自己去填補關係中所有的空缺，原本穩定的可能一夕變化，原本覺得不會再改變的，無論是自己的還是對方的心，都不可能完全地加以掌控。

然而我並不是在鼓吹既然難以掌握，就應該什麼都不做，任憑緣分帶著我們漂流；也不是說要使盡全力，像在握緊船舵那樣試圖掌控關係的方向。我想說的，是很多事情只能做好自己可以努力的範圍就好，超過這個範圍，就是強求了。

就像那段有名的寧靜禱詞：「請賜我寧靜，去接受不能改變的事，賜我勇氣，去改變能改變的事，賜我智慧，去分辨這兩者。」

記住在關係中，總有一些自己無法控制的事情。雖然個人主義的思維，認為人定勝天，強調一切都是個人責任，給人一種只要自己夠聰明、夠努力，掌握對的方向，就能掌控一切的錯覺。但是在關係的世界中並非如此。科學再怎麼發達，個人再怎麼了解人性，也沒有辦法做到操控另一個人，更不要說掌控關係的本身。

所以，如果真的發生了令人痛苦的事，在感情關係中，自己不再是被選擇的一方，也不要過於自責或貶低自己，要知道對方有他自己的人生，關係的發展，不是你自己一個人的責任。

緣分會把一個人帶來身邊，也可能會把那個人帶走。記得，無論如何都要記得珍惜自己，如此而已。

關於 愛

Love

失落和遺憾，往往是一趟旅程的起點；從這個角度來看，也有著「破壞」就是重生的積極意義。如果不是因為成長過程中，時常對愛感到迷惘，或許，也就不會有這樣的追尋，更不會進一步發現到，原來自己想要的愛可以不假外求。

願自己成為能夠愛人的人，並懷抱著這樣的願望盡可能努力。我想，一定會比向外尋求、一味追求得到別人的愛，來得踏實許多。

眞心愛一個人，無須談需求的滿足

曾經看過一篇文章，作者強調聰明的女性，就是要在關係中，一直敏銳地察覺到對方的需求，並適時地滿足對方。這樣做的目標，是為了讓對方「離不開妳」，找不到比妳「更好的人」。「那些幸福的女人都有這樣的特質：聰明、善良、體貼入微」，作者用了類似這樣的話語去形容所謂「幸福的女人」。

乍聽之下很有道理，而且還在網路上廣受歡迎，作者也是暢銷作家。但仔細想想，我覺得這種說法有點奇怪。彷彿是在應徵工作，就像那些職場專家說的「要培養自己在職場上不被取代的能力」。在我看來，所謂的讓對方找不到「比你更好的人」，就像是在說，要讓他找不到比你「更能滿足需求的人」、也像是「更能幫助他的人」；這就暗示了對方其實一直在找更好的。所以，如果有別人比妳更聰明、更善良、更體貼入微，他就可以理直氣壯地一走了之。也就是說，這種說法好像是把「需求的滿足」和「關係的穩定」，甚至是人在關係中的幸福感，混為一談了。

當然，它確實容易搞混，特別是當我們說，親密關係的本質是互助、每個人都想透過關係來滿足需求的時候，很自然地，就會衍伸出各種「那我跟這個人在一起，既然沒有變得更好，為什麼還要繼續？」的疑惑。由此可見，或許很多人看待關係的意義時，全看自己能受到多少幫助，或者是自己能幫助對方多少；有種一直在市場上比較不同商品的CP值的感覺。

網路上關於感情問題的討論區，也時常看到這樣的提問。在自身能力和對方旗鼓相當的時候，覺得兩個人在一起很好，但是當自己的能力變好了、條件變好了，就開始質疑「我跟對方在一起，究竟能夠得到什麼？」有這種想法是很自然的，因為人總是想要能和自己並肩同行的對象，考慮到自己的需求絕非錯誤，只是聽起來有些冷漠而已。

很多被浪漫愛情沖昏頭的人，時常會為了愛情而忘記了自己究竟想要什麼。因此，需要這樣的當頭棒喝，提醒人們在談戀愛、經營一段關係的時候，也不能忽視自己的願望和需求。但是，當「需求是最重要的」這種說法走到極端之時，就會偏離了愛的內涵。因為真心的愛，並不是建立在滿足需求的多寡上。

雖然我們會用婚配市場、交友市場等詞彙來形容婚姻和交友的場域，但人畢竟不是市場上的商品，商品是用來滿足需求，但人跟人之間，更重要的是一種「愛的感覺」。

互相包容比互相幫助更重要

真心的愛就是願意為對方付出，並能在付出的過程中獲得滿足。反過來也一樣，被對方所愛的時候，一定也能感覺得到對方對自己的不足，有所包容。

如果一個人只有在得到很多幫助、需求也獲得滿足的時候，才會宣稱自己愛對方，那麼，就表示當他覺得有所不滿、心生怨懟的時候，就會否定這段關係的意義，棄對方如敝屣，如此一來，這種關係就不是愛了。

無論面對的是疫情、難帶的新生兒、婆媳問題、經濟問題等，兩個人一起面對的各種考驗，會揭露一段關係中彼此互助的能力，還有在無法互助的時候，願意包容彼此到什麼程度。

能力是很現實的，其牽涉到各種條件。能力越好的人，或許越有辦法幫助另一半。而在真的沒有那個能力彼此幫助的時候，或許更可以從自己的想法、對方的態度，釐清彼此感情的深淺。

當自己沒能力幫助對方、滿足對方需求時，會為自己造成的失落感到遺憾，或者是相反的，當對方沒有辦法幫助、滿足我們需求時，因為依然在乎對方的心情，會不忍苛責。我認為在這種關係不甚完美、彼此都有些欠缺的時候，還能對彼此抱持的一點寬容，才真正說明了愛的真實。

只在乎魅力的愛，不是愛

網路上時常看見一種說法，提醒或暗示女性在關係中要如何如何，才能「抓住對方的心」。內容多半是強調女生要會撒嬌、要很聰明，不只是能看出對方的需求並予以操控，還要能看穿對方真實的想法，才不會在感情的攻防戰中落敗。

雖然，這些文章多半用「感情需要經營」的說法來包裝，但細看內容會發現與其說經營，不如說一直在傳播「在感情關係中要揣摩對方的心思，投其所好」，簡直就像是在布置陷阱般的概念。而且不只是用布置陷阱使對方心動，就連在一起之後的相處模式，都強調要不斷提升自我魅力，不要因為已經交往了，就忽視了「吸引力」的重要程度，其中，家庭主婦最常被用來舉例。

總會有人強調，女性千萬不要做家庭主婦，因為那很容易變成黃臉婆；不是因為變成黃臉婆自己會不開心，而是因為變成黃臉婆的話，就會因此失去魅力而被對方拋棄。

我常想，這類文章所隱藏的性別偏見和歧視，其實是很難被發現的，因為它常常也呼應了女性對自我成長的渴望、想變得更好的自我要求。畢竟如果可以選擇，每個人都會希望自己一直很有趣、很有魅力、擁有讓人離不開的吸引力吧！但是，**要努力雕琢自己到這般程度，才能確保「不會失去的愛」，那，真的還是愛嗎**？

我在步入中年之後，身邊許多朋友也都一同邁入相同階段，大家不可避免的開始出現皺紋、眼袋、身材走樣等，且為工作和家務操勞，也很難不露出疲憊的神情。我們不再是熬夜，隔天還能精神奕奕的年輕人；生活忙碌，也很難總是細心打扮，有時光是忍著不用不耐煩的語氣對伴侶和孩子說話就十分費力了，更不用說要在相處的時候，總是記得能讓對方覺得如沐春風。

老實說，不用別人說，自己也知道，客觀而言「自己已經魅力不再了」。這時再看到網路上，那些不斷提醒女性，維持魅力有多麼重要的文章，就忍不住想「一個人愛另一個人，真的只是因為對方隨時都很貼心、很聰明、很神祕，有種令人想探索下去的魅力嗎？」因為在現實生活中，要擁有多少金錢和人脈，才能放下那些讓人疲憊衰老的事務，專心於雕琢自己的魅力呢？

魅力，實際上是牽涉到許多現實條件的東西，卻在所謂「關係的學問」當中，受到最多的矚目。明明我們每個人都知道，會一直拿客觀條件來批評妳、甚至是責備妳條件不如人、抱怨妳失去魅力的人，其實就是不愛妳了。

在我看來，鼓勵或提醒女性，要不斷提升自己的魅力以免失去「愛」的文章，多半都隱藏了作者自身對於性別刻板印象的偏見：把女性矮化到，就是要扮演男性的解語花的角色。好像女性的存在價值，不管是一個賢慧的主婦還是能幹的職場員工，最終都還是要取決於是不是能讓關係中的男性，在忙碌的生活中，一直感覺到被取悅、被吸引。

有些作者自己是女性，卻也把雕琢魅力這件事情，當成是在關係中得到幸福的不二心法，讓人看了不免納悶，讓一個男性覺得妳很有魅力，真的是這麼重要的人生目標嗎？如果作者是真心這麼想，表示她認為只要維持魅力，就能擁有不會褪色的愛。然而在我看來，他們其實是把「喜歡」和「愛」這兩種看似接近，但本質上不同的感情混為一談了。

願意接受對方不怎麼好的時候，真愛才會出現

「喜歡」和「愛」乍看之下很像，因為對某個人的愛，有時會讓我們覺得自己好喜歡這個人。但是認真地去思考，喜歡和愛其實不太一樣。

喜歡可能建立在很多條件上，就像一個很優秀、很優雅、很風趣，或者很有活力的人，可能很討人喜歡，但是如果只有喜歡沒有愛，一旦對方拿不出這些表現時，我們對他的好感和重視，或許很快就會冷卻下來。喜歡是一種很難長時間維繫的情感，除非像那些偶像一樣，永遠和喜歡他們的人，保持一段讓對方觸不到他們的距離。因為那段距離，會讓所有的幻想和憧憬得以延續，使得喜歡的感覺永遠不會消失。

但是在真實世界中交往的人，就不可能隨時讓彼此感覺到魅力。別的不說，就說相處時可能發生的種種事情，就會影響到一個人，能否一直維持著對方喜歡的樣子的能力了。

剛開始談戀愛時，兩個人可能只有短時間的相處，在有時間和有體力約會的時候才約會，所以要做到可愛貼心、討人喜歡，一點都不難。但是長久在一起之後，無論是同居或結婚，總是會有很忙很累、不想說話，沒有餘力去關心對方的時候。這個時候若還要不斷琢磨自己的魅力，以免失去對方的愛，那在一起的壓力也太大了。

由此可見，**喜歡是建立在許多條件上的，與此相對，愛卻能超越客觀的條件，讓我們在看見對方不夠好的一面時，仍願意選擇包容。**

強調「無論貧窮、困苦、疾病，也對彼此不離不棄」的婚姻誓詞，之所以那麼令人感動，就是因為我們都知道，最珍貴的，是在對方沒有那麼討人喜歡，生活沒有那麼快樂的時候，仍然選擇為了對方，也為了這段關係而繼續努力的那份心意。

即使沒有那麼喜歡了，即使對方從客觀上看起來並不是那麼有魅力了，但還是想要珍惜在一起的時間，不忍心看見對方寂寞或痛苦。這種種無法用喜歡來解釋的心情，才是真正的愛吧！

光有喜歡而沒有愛的關係，十分脆弱

曾經看過一齣韓劇《嫉妒的化身》，男主角李華信和女主角表娜麗，兩個人就像典型愛情劇中的歡喜冤家，總是吵吵鬧鬧，為了對方的某個態度而生氣到不行。與有點頑固又不懂女人心的華信相比，第二男主角正元就像是童話中的王子，有錢、家世好、高大英俊，還非常溫柔，從來沒有惹女主角生氣。

觀眾因而分成了擁護男一派或男二派的，劇還在播的時候，就有人很肯定地預言「反正不管到最後，男主角有再多缺點，女主角還是會選擇男一。」有兩個人可以選擇時會順從感性，不會理性判斷要選擇對自己更好的人，這就是偶像劇的套路。確實，戲劇中的三角關係，經常見到比起任性又幼稚的男一，男二的個性成熟、條件又好，但女主角卻放不下對男一的執著，反正就是主角威能的感覺。

但是《嫉妒的化身》令我印象深刻的是，故事給我的感覺並不是這樣。正元雖然集合了所有討人喜歡的條件於一身，但是很明顯的，在娜麗和華信，以及正元相處的時候，就可以看出她對華信是愛，對正元只是喜歡。

不是那種女主角總是會選擇男一的愛情劇公式，而是從一開始就可以看出，華信雖然會惹她生氣、讓她難過，卻始終占據著她心中某個特別的位置，是她放不下、捨不得，覺得自己有責任要去陪伴的人。那麼為什麼會這樣呢？因為他們對新聞業有共同的熱情。兩人對彼此的認同，有很大一部分建立在一起工作時對彼此的認識，而工作場合上兩個人並非一開始就是情侶，所以華信頑固、一絲不苟、甚至被認為難相處的那些對工作上的要求，女主角全部看在眼裡。換言之，他們並不是看見對方最可愛的那一面，才對彼此動心，他們一開始看見的是對方最真實、最日常的樣子。

而娜麗在跟正元相處的時候，有種彷彿遇見了偶像劇中的王子的感覺；會為了條件這麼好的人竟然追求自己而感到受寵若驚，也會為了他的溫柔而怦然心動。但是和在職場上相識、又因為同是癌症患者而相互扶持的華信相比，娜麗和正元對彼此的認識顯然沒有那麼深刻，也不夠完整。

雖然是一齣很大眾口味的愛情劇，但我覺得劇本很細膩，也很真實，最特別的是在這齣劇裡可以看見，喜歡和愛的不同。

伴侶關係要能維持長久，光有喜歡是不夠的。兩個人要有共同的目標，更要有對於彼此的脆弱，必須一起承擔的覺悟。

那種從旁觀者的角度看來，客觀條件上好像不是最好的選擇，但當事人卻覺得是最好的，就是愛很難用客觀條件來解釋，卻也因而更顯珍貴的地方。就像娜麗和朋友聊天，朋友都勸她選個性穩重，家境又好的正元，但她卻偏偏選擇華信。喜歡一個人可以有很多理由，但是說不出理由的就是喜歡，或許才稱得上是愛吧！

那種即使要為之奮鬥，甚至可以預期必須要承受某些痛苦，還是覺得自己義無反顧的心情，就是愛最特別、也最珍貴的地方了。

分清「愛」和「喜歡」的差別，非常重要

當然，不可否認的是，在一段長久的關係中，愛也有可能會消失。在感覺不到愛的時候，人們可能會為了其他的理由堅守這段關係，也有可能會選擇分開。說到底，即使起點是真愛，也沒有人能確定，這份擁有真愛的關係會走向何處。

但無論最終結果如何，也不能在最一開始的時候，就混淆了喜歡和愛、用相對膚淺的好感去支撐一段感情，因為如此為之，注定是不會長久的。

每次看見鼓勵，或者說提醒女性要常保魅力，以免失去伴侶之愛的文章或言論時，我都會懷疑，要女性把心力放在客觀條件的維持上，是不是忽略了愛的本質。

擁有很多的魅力點可能會讓自己感到開心，也可能會因此而更有自信，但是要知道魅力的重要性也不過如此而已，其影響範圍只限於自己。至於是否能憑藉魅力而贏得，或控制另一個人對自己的愛，永遠都要打上問號。

在準備開始一段關係而且盼望這段關係可以長久之時，務必要問自己，對對方究竟只是喜歡，還是真實的愛呢？

願意承接你所有脆弱的人，就是對的人

什麼情況下會想跟一個人結婚呢？

有些人會說，結婚是因為真的真的很喜歡對方，因為結婚在現在這個社會，特別是對女性來說，已經越來越看不見它的好處了。然而，相信只要是已婚的人，都會認同這樣一件事情：想要結婚，或者不拘於結婚這個形式，就是想長久地在一起，光是很喜歡彼此，是遠遠不夠的。

記得，只有愛才能長久支撐一段關係，度過關係中所有的風浪、變化。喜歡，或者是在一起很開心，那樣單純的情感就像是生活中的點綴，很美好，卻沒有愛來得踏實。

但要怎麼樣才能分辨呢？自己對對方，還有對方對自己的感情，究竟是喜歡還是愛？我覺得有一個方法可以判別，就是觀察自己和對方，在其中一方或雙方都變得脆弱的時候，是如何面對彼此的。

愛的或深或淺，在困難出現時必然表露無遺

人在脆弱的時候，多半會造成別人負擔；這種脆弱不局限於精神上，肉體上的脆弱更是如此。而在這種時候，面對脆弱的對方，是覺得「厭煩，只想快點擺脫」？還是覺得「自己責無旁貸，要去接納這份脆弱」？這兩種截然不同的態度，或許就可以看出一段關係中，究竟有沒有深刻的感情。

有些夫妻在懷孕生產的時候，原本和諧的伴侶關係產生質變，我想就是因為在那個辛苦的階段，不得已變得脆弱的兩人，會被推動著去看見，彼此之間感情的真相吧！

有些夫妻只是因為在一起很開心，覺得家境條件都很適合就結婚了，卻對婚後，兩個人必須共同承擔的事情毫無心理準備。像這種沒有對未來有所覺悟，只想延續談戀愛的簡單和浪漫的心態，終究會面臨關係上的挑戰。

我在生產時，很感謝先生一直陪著我，產後幫我換產褥墊、扶我上廁所、倒尿桶，在蓬頭垢面的那幾天，不厭其煩地拿濕毛巾替我擦臉。和我一樣，很多太太對先生照顧自己的事情津津樂道，就是因為知道在那個時候，自己是很脆弱的。

人在脆弱時得到的關懷和照顧，不僅會讓人十分難忘，也會產生感謝的心情，這和戀愛的浪漫完全不同。因此，如果問我願不願意用那樣的照顧，交換一個浪漫的燭光晚餐或生日驚喜，我肯定是不願意的。浪漫當然很好，但在身心都很脆弱的時候，只會覺得那樣的浪漫不切實際。

產婦其實就是剛動完手術的病人。沒有經驗的人只看見網路上分享的幸福合照，卻不知道生產後的那幾天，產婦其實是元氣大傷，而照顧產婦的人也很累，很忙碌。

所以我認為在這種時候，特別能察覺到兩個人的關係究竟是喜歡還是愛。如果只是喜歡，只想要在一起很開心的那一部分，其餘令人不開心的，像是身為伴侶，必須照顧對方的那份責任和義務，就會讓人避之惟恐不及。

向對方求助時被冷漠地對待，會是一輩子難忘的傷痕

曾經在網路上看過，有太太說自己生產當天，因為麻醉藥退去的副作用一直發冷，對來醫院陪過夜的先生說，對方卻因為醫院的陪病床不好睡、陪了一天很累，不耐煩地把棉被丟過來，自己轉頭繼續睡去，好像剛生產完的太太是一個大麻煩似的。

「一輩子忘不了那個棉被甩到我身上的感覺」，那位網友是這麼說的。多年後她和先生離婚，那篇文章下的留言，也有很多人說自己有類似的經驗，只是後來沒有離婚而已。我想，**不管最終有沒有分開，在自己最脆弱、最需要幫助的時候，卻被對方視為麻煩的經驗，都會在心裡留下難以痊癒的傷痕吧！**

也有太太說，她每次提起這件事，都會被對方說「翻舊帳」，

也有人喜歡嘲笑女人，說女人即使過了十幾年，「還是不忘月子仇」。但我覺得之所以無法釋懷，不是因為好記仇或斤斤計較，而是因為在那種時候受到伴侶如此對待，實在很難說服自己，自己是被對方所愛的，甚至會從那時開始，就無法停止懷疑對方對自己的情感，即使理性上想要釋懷也難以做到。我想很多太太一再提起，就是因為遲遲得不到對方突然想通問題所在的那一句道歉，所以才更是放不下了。

設身處地地為對方著想的話，應該要能夠理解，求助的手被伴侶冷漠推開的那一瞬間，內心是多麼心寒。

在那一刻看穿了對方愛自己的意願和能力，也不過就是一個晚上沒睡好就會煙消雲散的程度，而自己可能還一直以為對方很愛自己，會很心疼自己生孩子所吃的苦頭。那時感受到的失望，就像突然發現自己一直以為擁有的寶物原來是贗品，必然會讓人不知所措。

雖然也有人非常寬宏大量地表示，先生就是一個很重眠的人，她可以接受他在睡不飽的情況下就會對人冷漠，但我想，應該多數的人都還是希望並且相信，所謂的愛，就是很「慎重地」對待對方需要幫助的時時刻刻。

就算兩個人平常相處的氣氛都很好，談戀愛甚至婚後都有很多開心的時光，但是只能共享樂卻不能共患難的人，毫無疑問抱持的不是真愛。

那麼，遇到這種情況後，要繼續一起走或分道揚鑣，就又是另外一件事了。

物質上的一人一半，不等於愛的公平

讓孩子嫉妒的不是物質，而是愛。但是愛是不能強求的，意識到這點之後，有些孩子就放棄了。

因為疫情，和停課在家的孩子相處時間變長，不可避免地，會想起很多自己還是孩子時的事情。以前家裡有訂報紙，每個周末會有作家小野，分享自己家庭生活的文章。我很喜歡，所以每次都會在周末早上唸出來給家人聽。當然，當時的我不知道，爸媽應該就像現在的我一樣，多半是抱著沒什麼興趣，但被迫聽小孩說話的心情去聽的吧！

為了不讓小孩覺得爸媽都不在乎他的心情，做爸媽的有時要拿出各式各樣的演技，例如：對於興高采烈想和父母分享事情的孩子，必須表現出「聽得津津有味」的感覺。順帶一提，排除那些真的打從心裡喜歡聽孩子說話的父母，我想世間的父母，也是有演技拙劣和精湛的差別。不過那不重要，重要的是「孩子說，爸媽聽」，我有這樣的印象。

除了唸出報紙上小野又說了什麼以外，我還會把報紙很珍惜地剪下來收藏。有一次，還沒剪的報紙被哥哥拿去畫得亂七八糟。我有沒有哭已經忘了，但總之是非常生氣，而爸媽也責備了哥哥，問他「為什麼要做這種事？」而他到底是嘻皮笑臉還是一臉後悔，我也已經忘了。

過了二十幾年之後，身分從父母的孩子變成孩子的父母，我突然想起這件事情，然後有了新的領會：為什麼會做那樣的事情？哥哥的心情，應該是出於嫉妒吧？

對於能夠博取父母的注意力，在講故事的當下，和父母形成某個別人暫時打不進去的小圈子，身為另一個孩子自覺被冷落，很自然會嫉妒。因此，想要破壞那樣的愉快時光，希望爸媽把注意力轉回自己。

有的孩子是即使是不好的關注也比沒有的好，於是就會故意搗蛋；也有的孩子則會更努力地表現好的一面。但無論如何，我想孩子對手足的嫉妒心，都是出於對愛的渴望。簡單來說，身為孩子就是會想獨占父母，獲得更有安全感的愛。

但更進一步想，這種對愛的獨占欲，或許即使長大成人了，也還是一樣吧！

我在想起這段回憶時，也想起了朋友的事情。

被父母認爲比較獨立的孩子，內心可能更孤獨

朋友身為家中的長女，一直被用比較高的標準加以要求，反觀父母對弟弟卻從來沒有這麼多意見。她出社會之後房子是自己買、車子也是自己買；而弟弟呢？擁有的都是父母給的，父母甚至連周末也會去幫忙弟弟打掃、幫忙帶小孩什麼的。爸媽給她的理由是：「妳比較讓人放心」、「妳就是比較獨立，會自己照顧自己」。雖然弟弟也早就成年甚至結婚成家，但爸媽對他，那份彷彿對待年幼孩子的疼愛卻絲毫不減。

「做得好的人得到的關注，好像比不上做不好的啊……」她在說這件事情時，臉上浮現的是苦笑和寂寞的神情。和其他因父母重男輕女，而明顯得到不同待遇的朋友不同，她的父母非常希望孩子

能感覺「公平」，所以每次見面就會強調：「以後我給妳弟弟什麼，也一樣會給妳。」話雖如此，還是知道父母私下給了弟弟很多東西，而她也沒有和父母提出什麼要求。

我說「因為妳一直都是乖的，爸媽都會比較注意不乖的那個吧。」

「但是現在不乖也來不及了吧。」她開玩笑地說。

依我對她的了解，比起像弟弟那樣受父母照顧，她其實覺得自己的獨立是比較好的，所以並不是在價值觀上，真心羨慕可以依賴他人的人。但就是在父母對弟弟付出的關愛，明顯比她多的時候，還是會感到失落，好像內心深處，還是有著希望能依賴父母的渴望。這種依賴不一定是現實的、物質上的依賴，而是感情上的。通常，被要求獨立到某種程度的人，會覺得在對方面前不被允許表達脆弱，或是表達了也不會被接住而是會被否定。這種在對方面前，只能表現自己堅強一面的感覺，會讓人覺得自己和對方的關係並不完整，好像不能坦承真實的內心。

「只會說什麼以後財產會分一樣多給我，但是只要他們對我好一點，一毛也不給我也沒有關係啊。」如果是不了解她的人，或許會覺得她只是嘴硬，但是我完全能明白她的心情。

從他人身上得到的感情，不能期待絕對公平

有些父母認為，物質的分配一人一半，給完全一樣的「量」就是公平。畢竟在過去，傳統的家庭還會因為性別、出生排行等，給兒子女兒或長子完全不同的比例，所以現在「每個孩子都有一份」，被認為是很重要的。

但是不知為何，即使物質上做到公平的家庭變多了，孩子卻還

是能夠說出「父母比較偏心誰」。我想，那就是因為愛是一種很重視感覺、無法完全被量化的東西。

父母和誰相處時有快樂的笑容、對誰說話和顏悅色、對誰的不成熟更能包容，這些東西外人或許看不出來，但身為子女，應該都可以很敏銳地察覺到吧！如果是自己犯錯，不知道會被責備得多慘，也可能會被捨棄，但是當另一個手足犯了同樣的錯誤，父母就像在強調「孩子一輩子都是父母的責任」一樣，用「真拿他沒辦法啊……」的態度去幫忙善後，甚至是袒護。

我常常在想，被父母認為「正確地長大了」的孩子，比起一直長不大、讓人操心的那個，好像總是得到父母更少的愛。因為說到底，愛就是一種感性的、無法用理智去控制的東西。

理智上覺得孩子長大獨立很重要，但感性上，有些父母非常依賴孩子。**當不夠獨立的孩子對自己撒嬌，自己就能滿足「想要被依**

賴」的心情。很執著要在物質上「一人一半」的父母，是不是內心自己也察覺到，非物質的部分不可能公平呢？但是，在物質上能做到公平，是不是已經很好了呢？還有更多人在對待孩子的時候，是連物質上的公平都做不到呢？

在我看來，每個人都渴望得到的那種父母的愛，好像是一種「比上不足、比下有餘」的東西。即使想抗議父母偏心、對手足永遠比對自己好，但仔細想想，比起在孩子還小時不聞不問，只在孩子成年後，對孩子需索無度的那種父母，自己的待遇或許也不是最糟糕的。

和朋友在聊這類話題時，總會想著這種拿別人來比較，來開導自己的做法好像不太好，但是任何事情一旦牽涉到家庭和感情之後，所謂家家有本難念的經，又好像沒有在精神上更超脫、更能讓人徹底放下的做法了。只能去想人生本來就是不公平的，即使是同一對父母的孩子，也不一定能得到和手足一樣的父愛或母愛，每個人想要的那種待遇，好像總是會有些理想和現實的落差。

所以，**放不下，或許只是對自己的為難**。

父母要為孩子付出多少、怎麼付出，比較喜歡哪一個孩子，那都是父母的選擇，而不取決於孩子的努力。感情的事情本來就不能強求，無論是親子還是伴侶，皆是如此。我們能做的好像只能認清「要不要愛」、「怎麼愛」都是對方的自由。而我們能努力的，是不要因為不被愛這件事情，而再給自己更多的責難。要對自己說，即使不被對方所愛，也不要忘記愛自己。

親子關係的失落，會衍生爲親密關係的課題

講到偏心會覺得可怕，是因為自己也是父母，會擔心自己是否會在無意間，也讓孩子覺得父母偏心了呢？但比起物質上的公平，我更重視的是相處的態度。

到了一定年紀，只要好好溝通，孩子其實都能理解父母在物質給予上，可能會有所差異；有時候就是沒辦法每個人都得到一模一樣的東西，也會有需要他們彼此分享的時候。在我看來，父母對孩子的不同態度、相處時的表情，才是最讓孩子耿耿於懷的。

所謂的成長，或許也包括了回顧自己和父母的相處之後，更明

確地知道了自己渴望的是什麼，並學習放下無法操之在己的部分，努力不讓自己童年的失落，影響到自己未來的其他選擇吧！

比起談教養，去提醒父母要公平地愛每一個孩子，我更想談的其實是這個，就是：怎麼樣不讓親子關係的失落，變成未來親密關係的課題。

沒有被無條件地愛過，就容易失去自信

因為是好孩子，所以一直得不到父母的關注，或者說，得不到父母包容的那一方，其實在感情上，也會有患得患失的傾向。**因為從父母那裡所得到的一切都是努力得來，反而不知道如何放鬆自己，去體會「沒有條件的」愛情**。為此，心裡就會產生矛盾，在關係中，明明希望對方不是因為自己「很好」才愛著自己，懷疑那不

是真實的愛，卻還是努力想要「做到更好」，覺得唯有如此，才不會失去對方的認同。也就是說，有一種「只知道用這種方式爭取愛」的感覺；在親密關係、家庭關係中，都不知道怎麼放鬆，只知道埋頭努力。

因為這樣的孩子知道，做一個好孩子，就能得到父母願意給一個好孩子的「愛」；雖然覺得那樣的愛有所不足，卻也不知道什麼才是對的。長久以往，當身上的角色越來越多，就會變成在交往時想做個好女友、婚後想做個好妻子，甚至是好媳婦。有了孩子之後，更想做一個好母親。**總之這一切的「好」，都是為了證明自己有「被愛的價值」**。

比起一直都我行我素，卻從來沒有失去過父母善意的孩子，那些過得像拼命三郎，什麼都要求自己要「做到好」的人，其實就是這樣被造就出來的。

因為從小到大只要他們不夠完美，父母就會把該給的愛收回，讓他們也不太敢去嘗試，該如何在關係中，先大聲主張「這就是我」。更甚者，正因為他們在內心深處有著「只要我不夠好，別人就不會愛我」的恐懼，所以更容易就會選了和這樣的猜想不謀而合、時刻會用「你這樣，我要怎麼愛你」來威脅對方的伴侶。

最終，那些做自己的願望，和單純只是做自己就能被愛的那種期盼，會被這樣的對象徹底摧毀，走上只能一直忍著疲憊、看不到盡頭、不斷努力的道路。

愛自己，就是接受自己真實的模樣

在我看來，能對自己的內心恐懼有所察覺，比什麼都還重要。要知道自己的努力是出於對未來的嚮往，還是出於童年時期只要自己不夠好，就可能被父母捨棄的恐懼。

我們都應該放下「愛就是條件交換」這樣的誤解，肯定自己存在的價值；因為真實的愛，本來就不是因為你夠好才給予的。

有人說成長就是學會了不再怪罪父母，能意識到「父母其實也是凡人」，但我覺得，光做到這樣還只是一半。但說實在的，連這一半都要十分費力才能做到，因為在我們心中，可能都已經存放了很多「父母不應該這樣」的想法，比方說父母「不應該偏心」、「不應該言行不一」、「不應該不愛孩子」、「不應該只想著自己」等應然的觀念，這些觀念，會讓我們很難去承認父母就是凡人。

所謂凡人，就是會做出很多原則上不應該、但其實只有聖人才能百分之百避免的事情。

話雖如此，當自己有不被父母所愛的感覺之時，要平心靜氣地去接受父母也是凡人、對孩子的愛也有偏好，而且自己剛好是不被偏好的那一個，說到底，其實並不容易。

所以，在掙脫原生家庭影響的路上，光是走到「認知」的這一步，就要突破很多障礙，更不用說後面還有承認和放下。

承認自己是比較不被愛的那一個，放下「要更努力去爭取愛」的想法，重要的不只是在做孩子的時候，停止爭取父母的愛，還包括在面對親密關係時，也要放下「努力爭取」的念頭。

那種明明就是我對他／她更好、明明就是我比較愛他／她，為什麼卻事與願違的糾結，就是誤解了愛的本質。以為愛就是要非常努力地去爭取，就像一場比賽，只有證明自己比別人更好、更努力，才有資格得到的東西。

接受愛、得到愛，其實是一件自然的事情

如果在一段關係中，一直感覺到如果自己不夠好，這份愛就會失去；有這樣的恐懼時，或許就是該適時停下來，檢視自己內心，是否有過去沒有痊癒的傷口。

我認為，過去的親子關係、父母給我們愛的方式，會間接影響到我們認為「愛」是什麼。

在父母那邊無法得到包容，可能會讓人更努力地想要從伴侶身上獲得彌補，但是問題從來不是「你還不夠努力」，或者是「你不夠好」，而是你不夠愛自己。你不覺得平凡的自己是可愛的，沒有自信用原本的樣子去得到愛，無法相信不夠好、不夠完美的一面即使呈現出來，也會有人能接受和包容。

為此，如果想要打破這樣的觀念，一開始需要改變的就是自己

對愛的感受和認知，別讓自己一旦踏入感情，就掉回原本的窠臼：陷入越努力、內心越空虛的惡性循環。

即使父母沒有給過你無條件的愛，總是否定你不夠好的一面，也要相信這個世界上，一定有人能接受真實的你。只是你必須轉移目光，讓自己看見和父母不同的對象，才可能體會到那種你過去未曾得到，但確實存在的，一種令人安心的感情。

說到底，在親子關係裡有所失落的人，如果真的有什麼需要努力的，那就是努力放下「自己不夠好」的感覺吧！雖然「努力放下」聽起來就有點自相矛盾，好像越是努力，只是越證明了放下這件事情有多難，但是，至少要有意識地提醒自己。**你已經很好了，真正愛你的人，會愛你真實的樣子**。

成爲父母後，才看見當孩子時的傷

有了第二個孩子之後，我開始學習面對孩子的手足之爭，發現孩子無論是搶玩具、搶食物，還是爭相跑來父母面前告狀、說對方做得不好或不對，其內心多半都有相似的動機，就是：爭取父母的愛和認同。

好像愛和認同是很有限的資源，即使我說了無數次媽媽愛你，孩子還是會想知道：「那跟哥哥／妹妹比呢？」、「我比他／她更好，媽媽有沒有更愛我呢？」

明明我並沒有強調，做得更好的人才能得到媽媽更多的愛，我總是說「媽媽兩個都愛啊」，孩子還是傾向於相信，表現好才能得到更多，所以想要證明自己比對方更好、更值得被愛的努力，還有不甘心輸給對方的種種情緒，就沒完沒了了。

我是在這個時候才體會到，**做父母的，真的應該要戒慎恐懼。要面對自己內心的創傷，釐清自己對愛的誤解，才不會代代相傳地複製在孩子身上**。

因為孩子對愛是什麼還很懵懂，應該說孩子的各種觀念，都還在初步形塑的階段，所以如果不夠小心，很容易讓孩子對於愛有了錯誤的認知。甚至有些父母，還會刻意地操弄孩子追求愛的本能，總是對孩子說：「你要乖，要表現好，爸爸／媽媽才會愛你。」當你這麼說時，孩子就會被誤導，以為愛就是一種條件交換。「條件更好的人才能得到更多愛」他會這樣想，然後想用自己的乖巧懂事，當做自己得到愛的條件。

身為父母，有時會給人一種「自己好像是孩子的上帝」的錯覺。因為父母是孩子出生後最親近的人，對於這個還很弱小無知的生命，有著強大的影響力。孩子尚未有獨立思考和判斷的能力，只會對父母的說法照單全收，被孩子當成真理。有些父母就沉浸在對孩子握有權力的錯覺中，用各種話術，或者彷彿隨時可以收回的情感，來操弄孩子的安全感和自信心，只為了滿足自己。

「你的一切都是爸媽給的」、「我生養你有什麼用？」、「沒有看過你這麼不可愛的小孩」等諸如此類，有的父母用羞辱和批評，讓孩子陷入自己永遠不夠好的恐懼。

這樣的恐懼，再搭配上一些表現好時可以得到的甜頭，一點點的鼓勵或安慰，就會讓孩子成為滿足父母的奴隸。產生自己是為父母存在的錯覺，一旦自己的表現不能讓父母滿意，父母的愛就會收回，自己就沒有存在意義了。

要很努力才能得到愛的觀念，難以擺脫

在父母那裡受到的「只要不夠好就沒人愛我」的傷，會一直延續下去，影響到孩子後來長大，對親密伴侶的選擇。有的人就是因此選擇了好批評、甚至是會羞辱另一半的人當伴侶，因為這樣的人，多半也會宣稱「這是為你好」、「這樣你才會進步」、「這樣關係才會改善」，來操弄另一半好滿足自己。

如果在成長過程中，沒有其他契機能讓他產生新的自覺，進而開始質疑父母的過往對待，就很有可能會選擇和父母一樣，藉著操弄不安全感來掌控關係的人了。

所以當我意識到，自己總是在懷疑自己不夠好的時候，一方面想要改變自己，另一方面，就是希望我不要讓孩子以為，我對他的愛，是他要非常努力才能夠得到的東西。因為，我也是在探究自己

的想法和行為之後，才察覺到，要「很努力才能得到愛」的這種想法，是多麼難以擺脫。

總是一個不小心跳回舊有的模式，不敢相信自己只是存在，對某些人來說就已經足夠，所以總是不斷追求外在的擁有，讓自己筋疲力竭。

請永遠相信，自己值得被愛

孩子給我的愛，從來不是因為我做媽媽做得很好，或者是在哪方面比別人優秀，而僅僅是因為我的存在，對他們來說就很有意義。當我察覺到這一點之後，我想讓孩子們知道，所謂的愛，就是他們給予我的東西。與孩子相處的過程中，孩子的天真，**那種說不上理由的「就是愛媽媽」的心情，不只是改變了我對愛的認知，也**

撫平了我從小到大，總是覺得自己有所不足的焦慮。

孩子有愛人的本能，那份本能讓他們會跟媽媽一起哭、一起笑，能自然地關心父母的心情。但是，他們沒有能力把這樣的愛概念化，用言語去解釋愛是什麼，反而很容易受到父母的觀念所影響，漸漸忘記了什麼是本能的愛。

所以身為父母，就是要檢視自己的觀念是否有誤，讓自己重新體會並且理解，什麼是才是愛的真實。

如果發現自己對愛的認知很像條件交換，就要放下這個舊的想法，重新學習愛是什麼。這個過程不只是為孩子的努力，也是為自己追求新生的奮鬥。

我們總是在照顧孩子，祈禱他們不要和我們受一樣傷害的過程中，體會到原來自己曾受的傷有多深。過去不被愛的感受，至今仍可能影響著我們走向錯誤的方向。所以要不斷提醒自己，相信自己值得被愛，過去的傷並不能定義我們，曾經有過的被否定的經驗，也不能推翻我們存在的價值。

也祈禱孩子在成長的過程中，一直都能感覺到，這世上存在著一份屬於他們的，無條件的感情。

希望他們有那樣的安全感和信心，相信自己從出生就受到祝福。也希望所有成長過程中，對於自己的存在本身就值得被愛的這件事情，一直存有懷疑的人，終有一天，也能領悟這件事情的真實。

你的付出是源於愛？還是渴望被認同？

和提升自己的魅力一樣，我們時常會肯定別人，特別是女性，其在經營感情上所做的努力。然而，我們卻很少會注意她們做這些事情，內在究竟出於什麼樣的動機，而是會從表面上去肯定，一個女性對她的家人、伴侶、孩子、父母，甚至公婆各方面，所付出的用心和執著。

像是好太太、好媽媽、好媳婦等讚美，往往會讓人忽略，當一個人為「別人」做很多事情時，看似無私，實際上內心還是會有屬於自己的目的。

如果是單純地想要為別人這樣付出，自己也能從付出中獲得成就感和快樂，其實沒有什麼不好。但是有些人對別人的付出，反而讓關係在無形中變得更緊張。因為內在動機不是單純的愛，而是渴望透過這樣的行為，獲得對方或者旁人的肯定。

換言之，就是一種被認同的欲望。

或許會有人覺得，這種欲望純粹是一種虛榮，有些人就是想被讚美是一個很好的人，或者很好的角色，注定要因為虛榮而作繭自縛。但是想被認同的心情，並非只是虛榮如此單純，而是跟一個人的自尊心和自信，有著很大的關聯。

存在的意義，不需要努力去證明

我們每個人都有被他人認同的渴望，只是原本自信心的高低、對自我價值的看法，決定了對這種認同的依賴程度。有些人為別人做了很多，是因為如果不這麼做，換取他人認同和肯定，就沒有辦法相信別人愛自己，也就沒有辦法肯定自己在關係當中，存在於此處的「價值」。

我把價值兩個字放進上下引號，是因為覺得用價值來看一個人的存在意義，本身就是一種弔詭。但是陷入追求認同的負面循環的人，就是沒有辦法察覺到，自己的存在本身，就有無須證明的重要性。所以他用努力付出、追求他人的讚美，想證明自己在每段關係中都不可或缺，來肯定自己的存在非常特別。然而，卻也讓關係中的人都陷入了無形的陷阱，因為他在付出的同時，其實也非常緊張地在觀察對方的態度，想確認自己的付出有得到「應有的回應」。

而當對方沒什麼表示只是理所當然地接受，就會在心裡有這樣的疑問：

「我做了這麼多，對方為什麼沒有更愛我呢？」

「為什麼沒有人發現，我為他們做了很多事情呢？」

就像這樣，無論自己有沒有察覺到，內心都為了默默付出的自己感到委屈。但是接受的一方，很可能根本沒有聽見其內在的聲音，只是單純地接受了他的「主動付出」而已。

得不到自己想要的認同，被肯定的渴望沒有辦法獲得滿足，就會不自覺地更加努力，使得關係陷入一種，表面和內在其實並不一致的負面循環。

表面上看來，努力的一方因為付出而感到滿足；接受的一方，也因為關係中有這樣認真付出的對象而變得輕鬆，但實際上，這段關係的內在真實情況正在耗損，不斷付出的一方，內心其實非常空虛。這種空虛感一定會讓關係變得緊張，對於沒有獲得回應的失望，最終會變成憤怒和傷心而爆發出來。

必須努力才能獲得的愛，是一種條件交換

「努力」這件事情沒有盡頭，永遠都有進步的空間，有些人只是看起來樂在其中，也對自己的努力深感驕傲，但內心其實懷抱著「不知道何時才能不用這麼努力」、「都沒人發現我其實很累了」等諸如此類的迷惘。

我常覺得如果把這樣的心態具象化，在關係中，不自覺地想要去努力，**想要證明「自己很好」的人，就像一直在辛苦挖礦的礦工一樣。深信只要堅持努力總有一天會挖到寶石，一邊想著都挖這麼久了，挖到的寶石總不會只有一點點吧！就這樣把渴望變得越來越大，最後卻只得到了空虛。**

雖然那個寶石就是愛，是一種無條件的認同。但重點明明應該是「無條件的」，卻一直想要提升自己，想讓自己擁有更多「被愛

的條件」而用了自相矛盾的方法在追求。在我看來，想要擁有更多的愛而不斷努力的人，其內心多半是相當矛盾的。

因為他們看見別人好像不用這麼努力，就很自然的有人愛他，會覺得不平衡。但自己對愛的感覺又很虛無縹緲，總覺得如果自己付出得不夠，別人的愛就會撤回。

用同一個寓言來比喻的話，我覺得愛原本就是擺在地上，不需要辛苦挖洞就能得到的寶石。被灌輸了「寶石藏在很深很深的地底，不努力挖是得不到的」此觀念的人，要挖多久才會發現就算地底下有，也不過是假鑽呢？

畢竟那種「因為你很乖」、「因為你做得很好」、「因為你讓我很開心」……，總之預設了你必須要不斷努力，讓對方滿意才能得到的感情，本來就是用愛做為包裝的一種條件交換罷了。

關於 家庭

Family

大家常說「家人是避風港」；但在我看來，家人之間要有真實的情感，才會是真正的避風港，否則，即使有了家人這樣的稱呼，家庭，也只不過是種社會團體的形式。

《小王子》中有這麼一句：「真正重要的東西，用眼睛是看不見的。」長大成人之後，會發現許多東西只能用心去感受、用心去傳達，而不一定顯於外在。我覺得那就是親密關係，無論是伴侶或家庭，真正值得我們去珍惜的地方。

想要有一個不受世俗價值束縛的家庭

每到過年、母親節、聖誕節、生日等，這些習慣上好像家人就是要聚在一起，即便距離再遠也要不辭辛勞，千里迢迢趕回家裡團圓的日子來臨時，我就會想著「啊！好想要一個不受世俗價值束縛的家庭」。

聽起來好像我要做什麼驚世駭俗的事情，要建立開放式關係還是多重伴侶什麼的；不是，我不是這個意思，我只是希望和伴侶、和孩子之間，怎麼樣相處、怎麼樣一起生活，還有未來怎麼樣「不一起生活」，都可以不用受到世俗價值的束縛。

乍看之下，親密關係、家庭，都是私領域的範圍，但是私領域並不表示個人在當中擁有完整的自由。實際上，在這些屬於個人的情感關係裡，事情該怎麼做，我們還是受到很多社會給予的規範。例如：母親節就是要為母親做些什麼，必須要送個禮物；過年過節就是要全家團圓，除夕媳婦就是要待在夫家，初二才准回娘家等。

發現了嗎？我們在私領域內，從來不是自由地、按照個人的想法在生活，而是把人為的世俗規範視為理所當然，並且自我要求，也要求別人按照這樣的規範去做。換言之，一旦我們認定這些規範是不可改變的，就會讓私領域變成使人失去自由的監獄。像是「既然是家人，過年就應該在一起」這類的年節行事；我們時常用世俗的社會規範束縛彼此。此外，不是只有要求過年團聚的一方，在無法得到所有人的配合時會感到憤怒，身為不想配合的一方，也會因為內心有著「好像應該……」的想法，而深感罪惡和壓力。

為了不想讓家庭變成一個規範很多，使個人失去自由的地方，所以我想把類似「過年就是應該……」、「母親節就是應該……」的規範拋下，與我的伴侶和孩子之間，建立起一個「沒什麼事情是非怎麼樣不可」的家庭。也就是，希望能不拘泥於任何「理想家庭」的形式束縛。

因為所謂的理想，只是一種社會的集體想像，是社會公認的、覺得好的模式，但並不能代表個人主觀感受到的東西。說到底，人與人之間感情的真實性，無法透過外在的形式來保障。只有當人們是自願、發自內心地想要傳達對他人的感情時，這份感情才是真實的，跟形式沒有任何關係。

我希望家人之間是「自己想要為彼此做些什麼」，而不是「因為有這樣的規定而不得不遵守」，然而這種情感的真實性沒有辦法用外力強求，只能靠平日生活中，每個人相處下來的點滴累積。

看重形式，只會造成無謂的壓力

事實上，決定要建立自己的家庭時，我就希望家裡的每個人，都可以用適合彼此的方式去相處，而不受到世俗價值的束縛。比方說母親節不一定要送卡片或禮物，什麼都不做也可以；生日也一樣、情人節也一樣，想要做什麼的時候可以說出來，但是什麼都不想做的時候，也不會輕易地動搖了彼此的關係。

過年時讓子女舟車勞頓，為了一定要全家人聚在一起而人仰馬翻，還不如想團聚的時候就約一個大家都方便的日子團聚。限定要在特定的某一天，只是為難自己也為難別人。我相信，形式的重要性，永遠也不會超過實質。對彼此真心的祝福和善意、互相傾聽和關懷，才是家庭的「實質」，也是家庭之所以重要的理由。

如果沒有這些內涵，只是按照形式去行動，那麼即使家人總是會在特定的節日裡聚在一起、舉辦各種家庭活動，也沒有辦法填補內心的空虛吧！

一個人為另一個人做了哪些事情，在我們是當事人的時候，總是可以感覺出哪些具有實質，哪些只是形式。

比方說伴侶之間，如果沒有辦法表達出真實的脆弱，那麼即便結婚紀念日送再多再好的禮物，也沒有辦法拉近兩個人內心的距離。同樣的道理，平日都把媽媽當煮飯阿姨或傭人的話，母親節送上鍋子和按摩椅，也不會令任何人感到高興吧？

身為父母，要是只希望孩子不吵鬧不惹麻煩，只要孩子成績優秀就當作沒有任何問題，那麼說再多「我們很愛孩子」、「做什麼都是為了孩子好」，孩子也只會覺得是空話而已。

過度地強調形式，只會讓人忽略了每個人都是獨立的個體。對於事情該如何做，每個人都會有自己的想法，自己覺得適合自己的模式。反之，不拘泥於形式上，實質地做到一個好父母或好伴侶被認為該做的事，才能確實溫暖彼此的內心。

我想身體力行地去實踐我所謂「不受世俗觀念束縛的家庭」，就是要提醒自己和身邊的人不要太拘泥於特定形式，而是在平日就要傾聽彼此，付出真正的關懷。

有些家庭之所以會變成枷鎖，就是其中的一些人把形式看的比實質重要，對彼此施加了太多「非如此不可」的規定。但是感情這種事情，一旦變成不得不做、不配合就會被懲罰的勞動和義務之後，就只會讓人更想逃避。

與此相對，若家人之間保有真實的關心，對彼此的感情有信任感，就會覺得形式根本不重要。這是我在提出所謂不受世俗價值束縛的家庭時，真正想要強調的，那種感情、安全感和信任，才是在這個時代，明明單身更自由，卻還想要建立家庭的真正理由。

放下對家人的期望，心會更自由

很多時候，我們會對家人感到失望，是因為我們期望跟家人之間，能親密相處、無話不談；希望既然是家人，就能同理彼此的心情。但是，往往期望越高，越容易失望，因為家人雖然是比公領域的人更親近的關係，但畢竟也是「他人」。

每個人都會有自己的想法和個性，能不能關懷和理解別人，除了意願以外也有能力的問題。對於某些沒有能力去察覺和回應別人需要的人而言，將期待寄託在他們身上，雙方都會很痛苦。

因此，比起期待家人能像朋友那般無話不談，我總覺得家人之間，只要見面的時候不會吵架、不要惡言相向，能這樣就很好了。這樣想，可能會被認為標準很低，怎麼沒有期待家人之間和樂融融呢？在我看來和樂融融，並不是單方面期待就能實現的事情。

事實上，即使「只求相安無事」是看起來很低的標準，有些人還是做不到的。聽起來雖然很疏離，但實際上，我覺得能和平相處的家庭，就不算太糟糕了。

不一定要多合得來，或者是多麼彼此欣賞，家人之間，最基本的是不要彼此傷害，不要形成一種權力和控制的關係。**無論是親子或伴侶，有許多人其實是在自己不自覺的情況下，軟硬兼施地想要控制對方。表面上是為對方好，實際上是一種權力的展現。**其實，能放下想要「控制這段關係」的欲望，建立一個真實的、平等尊重彼此的關係，就很考驗人的智慧，以及性格的成熟度。所以，在我看來許多人對家庭的要求，都過於理想化了。

在並非出於自願，而是出於血緣，或者其他因素而被選擇的關係當中，光是做到「平等」就很不容易了，還要談多親密呢？但是，現在這個社會，經常把關係親密的「理想家庭」描述成「正常家庭」，讓人以為正常家庭就是那個樣子。家人間不只是彼此關心，還要能有很深度的交流。正因如此，也讓人在做不到上述這些狀況時就開始懷疑，是不是自己和家人的關係不正常，產生想要去矯正、修改這種關係的壓力。

不要陷入「理想家庭」的刻板印象

這個社會，經常給我們「理想＝正常＝多數＝大家都是如此」的錯覺，因此，只要感覺到自己跟家人之間並沒有非常親密，就會對自己產生懷疑。但實際上究竟有多少人能像過年期間的電視廣告般，擁有完美無缺的家庭呢？

心理距離很親密，能夠彼此扶持的理想關係，本來就不是靠個人努力就可以實現的。**每個人都是獨立的個體，所謂的家人，也像是樣貌各異的拼圖，拼起來會是什麼樣子，不是自己可以完全掌控的。**我們能做的，只有盡可能去了解自己，在自己的這個部分，做一個自己希望的家人的樣貌。至於別人會用什麼方式扮演他在家庭中的角色，從來就不是自己這一方能決定的。

所謂的「非典型的家庭」，比方說手足或親子之間很冷淡、很疏遠，不要說彼此傾聽，能相敬如賓就不錯了的這種家庭關係，在我看來也不覺得有那麼「不正常」。

如果我們考慮到家人之間，不管有無血緣，不管是原生家庭還是姻親家庭，本來就不是一種同類相聚、自己憑著喜好或感覺去選擇的對象，換言之，不是因為「合得來」才成為家人，而是因緣際會而成為家人，那麼，家人之間很合得來，或者很合不來的家庭，其實都是正常的吧？

只是在電視、電影或網路的渲染下，常會出現很多理想家庭的樣貌，才會給人一種「只有這樣才是正常家庭」的錯覺。而那種我是不是做錯了什麼，我的家才會「看起來不太正常」的自我懷疑，以及，一直想去改變自己，希望能藉此改變家庭氣氛的努力，我覺得是很痛苦的事情。

聽起來雖然很悲觀，但其實這樣的社會迷思和束縛，可以由我們自身去突破。只要我們認清，**很多被認為正常而且理所當然的事物，其實是社會的一種集體想像，不能貼切地描述每個人的情況。**無法說出所有人的故事，就可以讓自己轉移目標，不再追求不切實際的理想，使自己的心重獲自由。

努力不一定會有好結果，要提醒自己適可而止

我所謂的自由，是把心力轉向追求「可以被追求」的事物，以及，去改變「可以被改變」的事物，而不是困在一個其實不完全是你能力所及，甚至可以說，是取決於「緣分」的事情上。

當然，放棄改善家庭關係的選擇，難免會有一點痛苦。因為必須先放下原本的期待，而我們原本希望透過自身的努力，可以擁有一個理想的家庭，或許，已經在那份努力上寄託了好多夢想，而現在卻必須放棄這個目標。希望和家人的關係和諧、希望家人能體諒自己也有難處、希望對方能諒解自己沒辦法讓他們滿意的事實……，這種種努力，目標雖然很好，卻也應該要適可而止。因為努力再多，最後還是要端看對方的選擇，才知道你的努力是否有用。

在和別人相處的時候，要有一個心理準備是：無論擁有再好的溝通技巧，再怎麼努力修改自己，也可能永遠不是對方喜歡的樣子，沒有辦法做到讓對方完全滿意。能知道被家人討厭其實也是一種「正常」，所以在承受被家人否定的痛苦之後，或許也能重新開始，尋找能夠認同自己的人。

過年期間，到處都充斥著全家和樂的畫面，電視、網路社群，IG、臉書、推特……，分享的盡是一家團圓，每個人都笑嘻嘻的樣子。我總是在這個時候，特別想和覺得自己來自「非典型家庭」的人說說話，想告訴他們「沒關係」。一個人，或者人很少的年夜飯，其實也沒那麼不正常。

過年沒辦法像別人家一樣和樂融融，也許是因為家人之間一見面反而劍拔弩張，總是停止不了因為個性不同、觀念不同的彼此攻擊和傷害，總是有人忍不住要情緒爆發。那麼不要見面，讓彼此都能擁有自己內心的平靜，其實也是一種幸福。

不要被家人感情不好就是不正常的想法所囿，要知道，那也只是一種刻板印象。因為擁有幸福家庭的人會曬幸福，反之，和家人關係疏離的人，當然也就鮮少會提到自己的家庭樣貌。但無論如何，兩者是都同樣存在於這個社會，也不算是特別少數的情況。

所以不要在意自己的家庭，看起來不像刻板印象的家那般溫暖，也不要把家人之間的疏離，全部攬在身上當作是自己的責任，把目標放在找回自己內心的安適，在心裡保留一份對家人的祝福，能這樣就很好了。

親子關係的困難，在於不平等的心態存在

各位是否也有以下這種感覺呢？

久久和長輩見面一次，在時間和空間的距離下，感覺自己終於也能在聽到某些話題時，只是聽而不多發表自己的意見了。

其實，成年子女和父母之間的緊張關係，多半就是因為對事情的看法不同。雙方面都是成人了有自己的社會經驗，但父母，多半還是覺得「我走過的橋比你走過的路多」，而沒有辦法把成年的子女，當成另一個和自己對等的人。這中間還有著因為是家人，可能從過去的相處，一路累積下來的新仇舊恨，就更難在聽到彼此的意

見不同時，保持一個客觀的距離。

以前的我，時常會因為和父母的意見不同，在某些議題上又忍不住要說話，而讓他們很不高興。那時我就會想，如果說話的人不是我，而是他們的朋友或同事，是不是父母就能客觀地判斷，其實我說的話，也不是那麼沒有道理呢？

在我看來，人們多半很難把說話的人是誰，和他所說的意見，徹底分開來看。這一點，放在親子或任何一種家庭關係中，都特別顯著。所以有些時候，與其說父母在否定自己成年子女的意見，不如說就是因為對象是自己的成年子女，所以產生了「既是子女，怎麼會和父母意見不合呢」這樣的心態。

一個和父母經常起衝突的朋友，曾經說過這樣的話：「只因為你是他們的小孩，你說什麼就都是不對的，所以你說什麼根本就不重要。」由此可見，不是說話內容的問題，讓父母覺得你有錯，有時根本是跟內容完全無關的東西。或許是態度就錯了，立場也不對，特別是，對於某些用上下關係來看待親子關係的父母而言，他們會覺得做父母的說什麼，做子女的只要聽就好了。

我曾經覺得成年子女和父母可以像朋友，且在看到某些非常和諧的親子關係之後，產生了這樣的期待，但後來也發現，能不能發展成那樣，其實也很看緣分。**朋友之間畢竟是平等的立場，但父母如果無法放下小孩是小孩，就是低父母一階的觀念，那麼要像朋友那樣平等地對話或相處，根本就不可能。**

這樣的關係，不只是對政治、社會事件發表不同的意見可能會引起家庭戰爭，對於家庭內部的事務，父母和成年子女討論起來，也更有可能劍拔弩張，因為那還牽涉到「誰是這個家的老大」的問題。像是子女成家要不要搬出去、「可不可以」搬出去，這類其實成年了就可以自己決定，自己負責的事情，也有人是不管到了幾歲都受制於父母的。

就算時代改變，看似人們越來越重視親子間的相互尊重和平等，但對某些父母來說，就算子女三十、四十、甚至五十歲，只要自己還活著的一天，子女就是要聽父母的話。哪怕子女的決定是出於善意，父母和子女的角色關係，還是限制了平等對話的可能。

聽起來雖然有些喪氣，但我覺得只要能理解親子之間，或多或少存在著這種溝通的障礙，就會知道其實不需要太過在意相處時，自己的看法被父母否定了。

即使親如家人，也該有彼此的界限

為此，我認為在成年之後，要在自己和父母之間畫上一條界線，提醒自己，不能只是想要擺脫父母的干涉，反過來，自己也要學習不去干涉父母的事務，目標是把彼此看成分離且獨立的家庭。如果每次見面之前，都能提醒自己關於這條界線的存在，就能做到對對方的想法和決定不發表意見；即使有不能認同的地方，也可以聽聽就好了，不會產生太多的情緒反應或衝突。

很多沒有辦法結束的親子衝突，就是因為其中一方，一直沒有辦法把對方看成獨立的個人，也沒有辦法把對方的家庭，看成另一個家庭。不論是父母看子女，還是子女看父母，總是有那種好像自己可以提出意見的模糊地帶，對對方的生活習慣、做法、選擇，只要覺得自己是好的，就忍不住要提出看法。不管那看法是否出於善意，對於被提出意見的那一方來說，你已經跨越了界線，管到了他家的事情，當然會把他激怒吧！

如果住在一起的話，這種界線可能更難拿捏，畢竟在一個屋簷下，有事情到底應該聽誰的，家規怎麼定，就已經有的吵了。長輩可能會覺得，長年以來，都是由自己作主的事情，子女的不同意見是一種干擾。但子女若是成年，就會覺得自己也有掌控生活的權利，其實就算未成年的孩子，也應該要在某種程度上，擁有對共同生活的決策權。

人雖然是社會的動物必須生活在群體當中，但是要和諧相處，每個人也需要擁有自己的「地盤」，所以，我無條件支持父母和成年的子女分開生活，覺得**距離不只能產生美感，還能幫助我們在心理上，把彼此視為獨立的個體，做到最起碼的放手和尊重**。

如果同住一起還要能感受到平等和舒適，雖然不是不可能，卻也更考驗人的智慧和耐心。如果不是擁有超人的智慧，只是想要對自己的生活有點掌控權、不想總是和父母爭論，就要以搬出去為目標，努力拉開物理上的距離才是。

家庭中隱晦的性別不平，使傷害更不易被揭露

我們這一代所面對的重男輕女，已經不像上一代所經歷的那般明顯。現在的社會比以前富裕，過去那種是女兒就不能念書，錢都要給兒子當學費的情況，也比以前少了。但即使是這樣，父母對兒子和女兒的差別待遇，還是有可能以一種隱晦的方式表現出來。

朋友曾經被自己的父親說過：「我要給兒子多少錢，哪輪得到女兒來指手畫腳。」言下之意是兒子是自己人，女兒是外人，讓她聽了非常傷心。而這件事情的源頭是，父母打算借給兒子一筆錢，但是因為金額龐大，擔心父母這筆錢會無法回收，朋友直率地說她不贊成，

說爸媽對弟弟太寵。這樣的意見，徹底踩到她爸媽的地雷。

爸媽甚至批評她假裝關心，其實是在算計自己的錢財，說她「愛計較」。她才發現自己只是出於好意，覺得父母該為自己留條後路才提的意見，都被解讀成「女兒擔心自己會分不到家產」，也是因此才發現，原來對她的父母來說，兒子女兒還是有差別的。

已婚的兒子需要家裡的錢，那是很正常的，已婚的女兒需要的話，就有一種「賠錢了」的感觸；朋友甚至被自己的父親說「以前養女兒還能賺錢，現在呢？」因為結婚時沒有向夫家要求聘金，就覺得以前生養女兒比較划算，但是自己兒子結婚時付出一筆聘金，甚至幫忙買房，卻不會讓他覺得自己虧本。

對待兒子和對待女兒的方式不同，起因於很多傳統的習俗，至今還是被普遍的採用著，而不假思索去實踐這些文化習慣的人，並不會察覺到，自己在這裡面有哪些性別不平等的觀念。

現在社會雖然很強調男女平等，男孩、女孩都一樣值得父母疼愛，但那只是表面。私底下，特別是在家庭這樣的私領域當中，以性別為基礎的差別待遇，或多或少還是存在的。

女性經常被以雙重標準對待

有個朋友在哥哥結婚之後，被媽媽指責「哥哥嫂嫂那麼忙，妳這個做姑姑的，也不幫忙帶一下小孩」。

「難道我上班不累嗎？」對哥嫂把孩子丟給爸媽，原本就已經覺得很不合理的朋友來說，媽媽不心疼她工作辛苦就算了，還認為她「不幫忙」、「很自私」，真的是一大打擊。

未婚還住在家裡的女性，被理所當然地當成要幫哥嫂帶小孩的育兒人力，甚至在吵架的時候又被說了許多「妳遲早要搬出去，哥哥才是住在這裡的人」、「妳以後有了小孩，又不是跟我們家姓」等這種兒子跟女兒不一樣、內孫跟外孫當然也不一樣的話語。

在和朋友聊天的時候，我們有一個共同的感覺是：即使在學生時代，不覺得重男輕女有那麼明顯的家庭，在子女成年、結婚、有小孩之後，經常會因為身分的改變，使得父母對於兒子和女兒的態度，產生極大的差異。

有些人覺得，身為媳婦永遠不被公婆當成是自己人，還是當女兒好。但是這樣的說法卻忽略了有些家庭，其實面對媳婦時比較客氣，就怕被當成壞婆婆影響形象，反而是對自己的女兒，有種無論如何女兒都是家裡的人力，也是自己老了之後理所當然的照顧者，可以提出各種要求而不需要客氣的態度。

女兒結了婚就是外人，沒有資格置喙家中事務，家裡的資源都是要給兒子的，卻還是應該要為原生家庭勞心勞力，因為「女兒就是要比兒子貼心」、「不應該跟家裡計較」……，像這樣，對待兒子和女兒，一直只是表面上平等。在現實生活上，差別很大的雙重標準，其實一直都存在。

因為每個家庭都不一樣，對於性別平等的落實程度也不一樣，時常看到一些，「我覺得現在的男女地位已經很平等了」這樣的說法，讓我覺得隱晦的不平等，似乎還更難被破除。

我覺得關於真正的男女平等，還有很長的一段路要走，為此，只能自我要求，在看待事情時要能看見性別不平等在其中的運作，不要讓在這類觀念下受到傷害的女性，因為不被理解而更感到加倍孤獨。

在偏心中成長的孩子，如何成爲不偏心的父母？

每次看到有人在網路上，提到自己家庭的煩惱，就會有人說「都已經是成年人了，不該還像小孩一樣，指責自己的父母偏心。」但我覺得牽涉到情感的事情，本來就沒有所謂的「越無感，就越成熟」的說法。

父母既然是孩子在這世界上，第一份愛和安全感的源頭，那麼對子女來說，父母的關心，就永遠都會在內心占有特別的位置。所以，即使是中年以後才感受到的父母偏心，也一樣會有受傷的感覺。況且很多父母偏心的問題，比方說老年的照顧都推給其中一個子女，卻叨念著心疼其他子女的辛苦，或是把老年生活的預備金，全部都給了其中一人，讓自己的生活陷入困境，這些問題都是很實際的問題，而不只是父母在手足之間，比較喜歡誰、比較常讚美誰那麼簡單的事情。

那麼，已經成年甚至是中年的人，究竟該怎麼看待，和應對這樣的事情呢？

我想應該沒有人能夠提出，只要這樣做，就能改變父母偏心的方法。唯一能做的只有告訴自己：「父母會對子女有差別待遇，是很正常的一件事情。」，「視為正常」並不是意味著正確，也不是說人就要寬容自己，對自己的子女恣意偏心，而是說當自己是子女的時候，要把父母的不同待遇，看成是「正常的」。父母也是人，會有自己的偏好、無意識的偏見，也會受過去的傳統所限制，無法對兒女們一視同仁。

接受父母也只是凡人

自己可以努力去要求自己做正確的事，然而，對於他人能否把事情做對，則不能太過強求。父母偏心就是雖然不正確，但是難免會發生的錯事。為此，我們只能自我要求，當自己是父母的時候，要努力避免這種事情發生，但是被這樣對待的時候，其實無法透過外力，去讓父母對此有所領悟。

因為要讓一個人脫離主觀的立場，用客觀的角度看事情，本來就很困難。每個人看事情都有自己習慣的角度，而在家人這種牽涉到感情、背負著過往相處的漫長歷史關係中，去提出某件事情對自己不公平，更是剪不斷理還亂。

所以，還不如接受「對方認為的公平，和你認為的並不一樣，而你們不可能達成共識，只能互不干擾」。以這樣的前提去相處，就會知道怎麼避開吵架的地雷，調整自己看待這件事情的眼光。也就是說，重點不是怎麼做可以讓父母理解自己的想法，甚至認同自己的委屈，要知道，人與人之間再怎麼親密，也沒有辦法完全地互相理解。你覺得委屈的是你，對方的想法可能剛好相反，覺得是你不懂事、不妥協。

因此，不要把目標放在終有一天能達成共識，而是退一步去想，即使各自的想法不一樣，也不要互相激怒，能和平相處就好了。

回溯親子關係，幫助我們更了解自己

在一種「人到了幾歲就不應該為過去的事情煩惱」的集體想像下，成年人和他們的父母，或者是和其他家人，像是手足、公婆、岳父母之間的糾結，一直都只被拿來當成茶餘飯後的閒聊，就像家庭倫理劇般的劇情，被毫不相干的旁人觀看著，卻鮮少被明確地指出，家庭當中，有非常多牽涉到權力、控制、兩性不平等的事情。成年人和父母的關係，總會因為已經成年而被視為過去。實際上，卻依然深刻地影響我們每天的生活，在我們的潛意識裡運作，影響著我們的日常選擇。

孩子是看著父母的背影長大的，現在自己如何處理和父母之間的關係，能不能用平等且互相尊重的方式相處，也會影響到將來當兒女成年，我們又將用什麼方式互相對待。而有些隱藏著的傷，也會在我們接下來的人生中，不斷地重新浮現，如果我們一直不好好處理，會影響到我們與其他人的關係。因此，我相信無論到了幾歲，我們跟父母的關係一輩子都會很特殊，而回溯過去並觀察現在，父母怎麼對待我們，也是我們理解自己的方式之一。

所以，我們應該要去思考，如何讓自己和父母的關係「變好」。但是所謂「變好」並不表示要能和父母推心置腹，而是說在相處的時候，至少還能覺得平靜，不會有那種隨時會彼此傷害的預期。當然，如果無法擺脫那種「隨時會被傷害」的感覺，那麼徹底拉開距離，也不失為一種讓自己過得有安全感的方式。

要有適當的界線，自己不踩線，也不輕易讓對方踩過來傷害自己，這其中如果有什麼祕訣，其實跟其他領域的人際關係一樣，也沒有那麼大的不同，就是：不要那麼在意對方，把重點放在掌握自己的狀態，知道自己在做什麼，追求活得無愧於心就好了。

相信家人不會傷害自己的你，是否傷得更深？

在婚姻和家庭中，經常會發現受傷害的一方，會被周遭的人施壓「去原諒」。有時，是做孩子的被要求原諒父母，有時是成人，被要求要原諒配偶的不忠，也有的是因為結婚之後，做太太的希望先生接納自己娘家的行事，或者是做先生的，要求太太包容自己父母可能有的，因為傳統思維而對媳婦的不當言行。

如果發生了那樣的事情，我希望受傷的一方，不要因此懷疑自己，一直做不到原諒是不是很小氣；也不要因為這樣的懷疑而勉強自己「去原諒」，或者是自欺欺人做出原諒的樣子。因為這樣沒有真實的意義。家庭、親密關係、家人……，這些關係之所以特別重要，就是因為比起公領域的、外部的關係，我們更相信這些關係中的人，不會傷害我們。所以這種信任一旦破碎，重要的是重建信任，而不是形式上的原諒，例如：大家一起坐下吃個飯，說著「對不起」、「抱歉」，或「我原諒你」。因為，關係之間那種「這個人不會傷害我」的信任感，早已經消失了。

信任感很難重新建立，我們在面對傷害自己的人的時候，即使說過一百遍的「對不起」和「我原諒」，也沒有辦法找回原本那種，在對方面前不覺得危險或緊張，可以放鬆做自己的心情。因此，重要的不是和對方和解，也不是旁人對這件事情的評價，而是要回到自己的內心，重新建立起自己對人的信任。

而這很大一部分來自於對自己的信心。當自己相信自己能夠決定，並且追求自己想要的生活時，就會覺得自己有能力相信他人。

我認為，比起回應別人的期待，不如傾聽自己的內心，對自己誠實，覺得自己做不到原諒的時候，就沒有必要原諒。

對於那些不斷要求你原諒的人，要知道他們只是你人生的觀眾，你自己才是人生的主角，沒有義務要讓旁觀者感到滿意。

「你該原諒」的聲音，是對受害者的責備和批評

這個社會對於原諒的強調，讓人很喜歡催促他人原諒，因而也讓受傷的人，一直在責備自己做不到時，是不是就是心胸很狹隘、很小氣。實際上，當事人應該要擁有不原諒的權力，既然原諒和不原諒的結果都是他在承擔，那麼究竟該怎麼做，應該是他本人可以決定的。**某些勸和的人，說到底，與其說是在關心當事人的心情，**

更多時候，只是想要展現自己對這件事情的影響力而已。如果能說服一個人改變立場，他們會有成就感，或者是他自己的利益關係其實涉入其中，所以他就站在傷害他人的那一方，說還不原諒的人「太小氣」了。

勸和的人的心態可能有很多種，但是不管怎樣，受傷的人要過得好，不再被陰影糾纏，就要努力讓自己的人生，朝著對的、自己想要的方向去發展。

追求存在的美好，本來就是唯一能做的

當傷害發生之後，自己的內心究竟還在傷痛，或是已部分痊癒，其實都不需要向別人交代，也不需要做給誰看。在此只說「部分痊癒」而不說徹底痊癒，是因為我認為有些事情，並不會有徹底

痊癒的結果。

如果受的傷太重，便注定一輩子都可能要負傷前行。這個世界上本來就沒有內心毫無傷痕的人，每個人都有受傷的經驗；活得毫髮無傷不是我們能追求的目標，我們唯一能做的，是即使受了傷，也要好好照顧自己。把日子過好，盡可能好好吃飯、好好睡覺，珍惜自己重要的人際關係，期待自己能在某一天，突然覺得「活著真好，真高興現在的我在這裡」。最重要的，是要讓自己能產生這樣的心情。雖然人生不會因為擁有這樣的時刻就從此一帆風順，即使現在這一瞬間能夠感謝自己的存在，過去的陰影，還是有可能會再度襲來。但是，就像自然界沒有完美無缺的生命一樣，人生，會有遺憾和不完美也是很正常的。

記住，好好照顧自己，連同受傷的心情一併接納，時常給自己溫柔的擁抱，這樣就夠了。

不是出於眞心的原諒，只會對傷害更難釋懷

人與人的關係之中，最難處理的，應該就是受傷的感覺吧！

或許是因為我在網路上與大家分享最多的，都是身為女人在家庭中奮鬥的心情，所以收到網友的來信，多半都跟發生在家庭裡的傷有關。

家庭裡的傷不同於其他地方。當面對的是家人、伴侶、孩子或父母時，我們沒有辦法像在面對討厭的主管、同事，或其他外人那般，覺得和這個人不合，就從此切斷關係不再見面。換言之，很多時候，即使家人造成了我們的傷害，視情況，關係還是要繼續下

去。當然，非常嚴重的像犯罪、暴力等等不在此限，**這裡說的關係必須要持續，指的是那些家人之間，觀念或想法的衝突**。

因為意見不和而彼此都感覺受傷，這種時候就會很希望有什麼能讓自己失憶的藥，可以不要一看見對方，就想起那些不愉快的事情。

每到過年，或者其他全家團聚的場合，就會有人在網路上私訊給我訴苦：「曾經發生過難以釋懷的事情，但是又不得不見面，一想到就很難過……」會寫信給我這個陌生人，而不是身邊親近的人，當中的理由，我完全可以理解。因為家庭裡的事情總是剪不斷理還亂。你覺得自己受到對方傷害，對方也有可能覺得是你不對，身邊的人又因為不同的個性、不同的角色關係，各自站在不同的立場，可能根本無法做到同理。

然而，真的很想訴苦，又怕一些不明就理的人，喜歡站在道德的制高點進行規勸，說些「要為孩子忍一忍啊！」或「再怎麼樣對方都是長輩，要孝順、要敬老尊賢……」之類的話，所以雖然是在家裡受的委屈，但是比起身邊的人，更寧願找網路上看起來有類似經驗，或者是看起來不會做出這般批評的人訴苦。

很多人都說「合則聚、不合則散」，但是到了一定的人生階段，就會知道事情沒有那麼簡單。就算我們能只按照自己的心意去做，只要是合不來的，或者是曾讓自己受傷的家人就不再見面，心情也未必會像在面對外人的時候，那種不合則散那樣輕鬆。

選擇離開的人可能會有罪惡感、內疚，懷疑自己是不是太自私、沒有考慮到其他家人的立場、又或者是背棄了自己身為子女的責任義務，想到曾經有的，還算不錯的相處時光就覺得心情沉重……。總之，面對外人時我們可以做到的，真的傷得很重的時候就轉身離開，而面對家人時，則會因為各種感情和道德上的束縛，沒有辦法輕易做到。即使做到了，也不見得能真的感到輕鬆。

「對不起」只是形式上的原諒，不等於傷口已復原

然而，若過去的事情還難以忘懷，卻非得要見面相處，維持一定的人際關係時，該怎麼辦呢？我覺得有一個重點是：**不要一直去想原諒這件事情**。

現在很流行要原諒他人、原諒自己，好像那是傷害復原的唯一方式，在討論親密關係，或者和家人之間的關係時很常被提及。也有人覺得能做到原諒才表示是真的放下，無論當時讓人受傷的是一句難聽的話，還是對方做了一件非常傷人的事。但我卻覺得，反覆去想著要努力原諒對方，只是讓自己的心思在這件事情上打轉，更沒有辦法脫離這件事情所造成的陰影。

很多時候，身為受害的一方，都還得不到一句應有的道歉，

對方不只是沒有歉意，甚至還反過來大聲嚷嚷，說「一切都是你的錯」、「該道歉的人是你」。像這樣，離公平還很遠的時候，談什麼原諒呢？只是更讓自己感到憤怒和委屈而已。

若要讓原諒有其真實的意義，那就要有其中一方是真心的道歉，後悔自己傷害了別人。但在家族裡面最常見的，是彼此都認為自己才是受害者，認為犯錯的是對方，很少能以客觀的標準讓每個人都覺得心服口服。所以比起真實的和解，因為必須維持關係，而做出「表面和解」還是比較多的。

這種時候，沒有必要為了自己沒辦法真心原諒而自責，要知道所謂的「親戚不計較」只是說來好聽，像是「家人之間沒有隔夜仇」、「你不要那麼小氣就好了」、「忍一時風平浪靜」等說法，都只是掩蓋了在家庭當中，有人因為性別、年齡、或經濟地位等等的原因而居於弱勢，被其他人聯手要求吞下委屈的事實。

當受傷最重的只有其中一個人的時候，家庭，作為一個社會團體，有時候會用少數人的犧牲，來換取多數人的和平。所以在某些情況下，明明犯錯的是其中一方，被要求道歉的，卻可能是受傷害的那一方，罪名是因為「太愛計較、破壞了家庭的和諧」。

家庭也是一個小社會，發生在社會上其他地方的那種不公平，同樣會在家庭中發生。這種時候要制止錯誤，不能讓對方，或者是家庭中其他更有權勢的人，一直用同樣的方式傷害自己。

對於過去不能一味地忍耐，也不是原諒，而是要把心思從不美好的家庭關係上轉開，專心去追求自己想做的事情。

從現在開始喜歡自己，放手過去的傷成爲記憶

在受到傷害的當下、心思還在受傷的事件上打轉時，人們常會覺得自己無能為力，既沒有成功保護自己，也沒有做到讓傷害自己的人體認到這件事情的錯誤，從而對自己表達歉意。我認為，最難釋懷的就是這種無力感，特別是當傷害發生在家庭之中，一個動作都可能牽一髮動全身，很多時候為了「顧全大局」，沒有辦法只考慮自己的立場。更準確地說，**如果為了自己的正義，影響到太多的人，也會讓人感到為難**。

這樣講好像太抽象，簡單舉個例子好了。對有婆媳問題的媳

婦來說，要和曾經對自己造成傷害的婆婆相處，可能就是很大的壓力。覺得受傷的是自己、委屈的也是自己，甚至其他人也都知道身為媳婦的辛苦。但是，考慮到婆婆不只是婆婆，也是孩子的祖母時，有些母親，就是沒有辦法做到單純的與婆婆保持距離。或者，考慮到婆婆和孩子的關係，不想讓孩子少了一個疼愛他的長輩。畢竟理智上知道雖然婆媳關係不佳，但祖孫關係或許是很好的。

但是要和曾經與自己發生衝突，至今仍沒有對自己表達歉意的長輩相處是這麼辛苦，很多人就是這樣，陷在角色的兩難中。

「是我太小心眼嗎？」、「事情都過去這麼久了，先生也說是我愛記仇……」在寫信給我訴苦的網友中，時常會看到這些苦惱的太太們，在舊傷未癒之時，還一直反覆責備自己。覺得自己是不是太小心眼了，才沒辦法讓事情「過去」。但我卻覺得，**其他人會把「讓事情過去」說得那麼簡單，只是因為受傷的不是他們而已。**

過去的事情無法討回公道，或者說堅持要去討回公道，只會造成家庭裡兩敗俱傷的情況，已經夠兩難了。這時，不應該再責備自己，或者是逼迫自己去原諒對方，而是要把焦點放在提升自己「存在的狀態」上。

一直希望自己能夠釋懷或原諒，可能是因為想要改善關係。但是要知道，關係牽涉的總是兩造雙方，不是一個人的努力便可以改善的。另一方也有他的責任，如果他認為一切都是你的錯，那這樣的關係，基本上不可能改善了。因為那表示對方就是要你忍氣吞聲，認為自己什麼錯也沒有。

像這種不可能達到共識的情況，若執意去勉強原諒和解，也沒有辦法真正改變你在面對對方時，內心浮現的受傷或憤怒。與其壓抑這樣的負面情緒，不如不要再去想，怎麼樣改善和這個人的關係，而是把焦點放回自己身上，對自己好，給自己休息的時間，只要情況允許，就要盡量選擇做自己想做的事。因為人只有在做自己喜歡的事情，或者是感覺到自己正在朝目標努力的時候，才會覺得自己對人生是有掌控權的。也只有這種掌控權，才能療癒那個因為受到傷害，無法改變過去而感到卑微的自己。

喜歡現在的自己，才是對過去的眞正釋懷

過去曾經發生的、對方應該要對你懷抱歉意，卻始終沒有做出道歉，使你想起來仍心疼自己的事，若要刻意去原諒或遺忘，其實都違反人性；往往越是想要忘記，越是難以釋懷。因此，重點不在於努力去原諒，或者努力遺忘，而是要讓自己過得很好，對自己重新建立起信心。**我認為，那種「終於又能夠喜歡自己」的感覺，比表面上的原諒還要重要。**

有時候我會突然有種感受。在天氣好的時候出門散步，感覺到微風和陽光的吹拂，突然覺得，自己好像被宇宙的愛包圍了。因為很喜歡這樣的自己、喜歡現在感受到的一切，想起過去時就會覺得，曾經有過的不完美的時刻，讓我貶低自己的事情，好像都變得不再重要了。

跟是否原諒他人的錯誤無關，因為並不是突然覺得自己可以原諒對方了，才能有如此釋懷的一刻，而是突然意識到，比起和對方之間，難以修補也無法挽回的關係，更重要的，是現在的自己。

「雖然過去有過不好的事情，也有處不來的人，但是現在的自己，還算是幸福的吧！」

當自己過得夠好，好到能這樣想的時候，那些放在心中一直過不去的糾結，就會自然地放下了。很多時候一件事情的落幕，往往不是因為表面上的原諒，而是取決於個人「存在的狀態」。

各位是否有過這樣的經驗呢？在生活很緊張、壓力很大、有很多不開心的事情時，過去曾受過的傷害，總是會像是醒不來的噩夢那樣如影隨形。因為對於生活還有很多無力感，覺得自己很糟糕、很沒用，這時過去曾經受過的傷，就會一直延續，給人一種「永遠不會傷癒」、「反正我就是一個沒用的人」、「到哪都會發生一樣的事情」的感覺。所以一定要努力去改善自己的存在狀態，對自己好，讓自己找回生活的掌控感。

從小事情開始讓自己覺得，雖然對過去無能為力，但是還是有某些事情，是可以自己決定、按照自己心意去做的。如此一來，便能逐漸地掌握自己的生活、能讓自己過得開心，從而不再覺得自己只是一個無能為力的受害者，如此一來，才會讓過去的傷，變成真正的回憶。

關於 受傷

Hurt

我們不可能回到過去把創傷一筆勾銷，讓發生過的事情彷彿都沒有發生過。話雖如此，只要能喜歡現在的自己，終有一天，會覺得那些傷害都無所謂了。

能擁抱自我傷口的人，才是真正的愛自己，因為人最真實的狀態並不是毫髮無傷，而是一種不斷受傷，卻也不斷新生的過程。

即使長大了，童年的傷仍會一直存在

日本散文家佐野洋子在她半自傳的小說《靜子》中，寫過她和母親的故事。

因為父親早逝，母親一個人扛起家庭的重擔。洋子身為長女，變成母親最重要的幫手，以及最主要出氣的對象。沒有照顧好弟妹就會被一頓毒打、從外表到性格都被嫌棄得一無是處，和其他的孩子相比只有洋子受到這樣的待遇。她就是家裡那個被挑選出來的黑羊，代為承受了母親所有對人生的怨氣。即使有繪畫的天賦，也是照顧家裡不可或缺的幫手，在洋子拿得獎的作品給母親看時，也只得到不如已逝哥哥這樣的評價而已。

成年後的佐野洋子，從名利和藝術成就來看，是很成功的。但是在看過她敘述自己的童年經驗，以及延伸到後來與母親之間的相處情形之後，會感覺她一輩子被夢魘糾纏，那個夢魘就是透過虐待她，來宣洩自己情緒的母親。

沒有理所當然的母愛存在

世人都說「天下無不是的父母」、「父母都是愛孩子的」，但是有些父母給孩子的是有條件的，是糖果和鞭子同時使出的「愛」。我把愛這個字加上引號，是因為這樣的愛，本質上有些虛偽；與其說是愛，不如說是對孩子的控制。

有些人就是知道孩子絕對離不開自己、放不下對父母親情的渴望，於是縱容自己去利用孩子的這份心情，對還不懂得愛，只懂得順從的孩子為所欲為。

我在看佐野洋子回憶童年的文章時，覺得她真的很寂寞。在世界上多數的人，甚至可以說是所有人，都肯定母愛是最基本的，也是最無條件的愛的時候，沒有得到母愛的人，要如何解釋為什麼只有自己沒有得到呢？我想，洋子一定有長一段時間，在肯定和否定之間自我掙扎吧？

對純粹想要宣洩怒氣的父母而言，可能隨口就會說出我會這樣對你，是因為你「不乖」、「不聽話」、「不夠努力」或「不夠優秀」，讓孩子就像朝著虛假的獎品努力奮鬥的選手般，想著只要有一天夠乖、夠聽話、夠優秀，就可以贏得父母的笑容肯定。

但是，就算達到客觀上的標準，父母也可以隨時把這樣的標準再提高，讓孩子再次失去被愛的感受；又或者，在終於得到獎勵的同時，孩子也可以隱約察覺到，可是愛不應該是有這麼多條件的東西。

在家庭，特別是伴侶和親子這樣無可取代的親密關係當中，受到傷害的人，其內心會一直擺脫不了這樣的掙扎：「應該要愛我的人，變成傷害我的人，是不是我的錯呢？」

別人都說父母一定是愛孩子的，甚至父母自己都這樣宣稱，導致一些感覺到的和愛完全相反的孩子，不知道怎麼解釋自己的感覺，究竟為什麼和別人的說法之間有所落差。因而只能責備自己，「一定是自己還不夠好吧？」

而背負著不被父母所愛而傷的孩子，多半也有著自我懷疑、自信心低落的問題。然而他們可能也因此非常努力想要表現得更好，所以從外人眼裡看來，也很難發現他們內心有這樣的傷。

這樣的孩子，從父母那邊感受到的與其說是愛，不如說是控制欲。我在佐野洋子的作品裡看見，雖然她從藝術成就來看，真的非常優秀，天賦和努力都獲得了回報，但是那樣的成功，似乎還是抵銷不了童年在家庭中曾經歷過的孤獨。

無處可逃的傷，會延續一生

因為人都是在家庭中成長的，所以對於家庭，都有一種避風港的想像。外面的人可以不理解或不懂自己，反觀家裡的人「應該」要能互相支持和包容；在外面受到打擊的時候，家庭應該要能夠，在感情上提供最堅定的保護。

所以在家庭裡沒有這種感覺的人，那種孤獨和絕望，會遠比在外面受傷還要來得強烈。此外，因為家人之間的關係難以切斷，就算物理上逃得遠遠的、不聯絡也不見面，內心深處，還是會以回憶的形式聯繫在一起。

所以**家庭裡的傷，某方面來說是無處可逃；不被家人所愛的疼痛，可能會延續一輩子**。

我從洋子的文章裡看出，長大以後的她，多少也可以換個角度去理解，母親為什麼選擇自己做為出氣的對象。

因為她的母親那個時候非常辛苦，一個寡婦要帶大好幾個孩子，身邊也沒有可以互相扶持的人，等弟妹長大時家裡的事業上了軌道，心情放鬆，弟妹的待遇也就和她大不相同。此外，母親最疼愛的洋子的哥哥，還有洋子的弟弟相繼病歿，這或許也讓母親產生了為什麼死的是自己最鍾愛的孩子的怨恨，使得活著的人，永遠敵不過對死去的人的思念。總之，洋子就像運氣特別不好一樣，在母親最沒有能力為孩子付出，而是用最糟糕的方式掙扎求生的時候，她就是唯一在她身邊，可以用來出氣的孩子。

然而，即使孩子長大，可以理解父母當年的困難，就像現在最流行的說法「知道父母是凡人」，他們也會有缺陷和不足。話雖如此，理性上知道傷害如何發生，和感性上這樣的傷害可以被撫平，徹底是兩回事。

雖然童年時的傷害，只發生在人生中短暫的幾年，和整個人生比起來，可說只占了很小的比例，但是，疼痛卻會一直延續。

講這些到底是要說什麼呢？原本只是在思考，在疫情打亂了日常生活的節奏時，什麼是最重要的事情。或許，比起如何讓全家人的生活都盡可能維持相同的節奏，過得好像不受疫情影響一樣，我覺得更重要的，還是每個人的內心。雖然是防疫期間這樣的特殊狀況，但重要的事情其實並沒有改變，就是：無論生活是平順還是失意，生活在一個屋簷下的人，都要給予彼此支持。

在家裡，要能體諒家人的難處，自己很煩躁、很焦慮的時候，要去思考其實家人也一樣很煩躁很焦慮。盡力做到不要彼此傷害，努力克服自己人性的弱點。

在自己對伴侶或孩子過於苛刻的時候，要有自覺，要時刻表達謝意、歉意，以及對彼此的珍惜。家人之間不要彼此傷害，因為家庭裡的傷真的很難治癒，所以在能力範圍內，一定要盡可能地對彼此溫柔，我覺得這是最重要的了。

說出「感謝」和「原諒」不等於和解

有些關係中的問題，並不是表面上的個性不合、生活習慣不同那麼單純，而是因為距離太近。那種太近是指在心理層面上，近到失去了一個人對另一個人，應該視其為另一個「個體」的態度。

不覺得對方是另外一個人，而覺得好像是自己的一部分，就會形成依附和被依附，或者是控制和被控制的不健康關係。也就是說，無法保持正確的「距離」，會造成個體性無法伸張的痛苦。

忍不住又要談佐野洋子的散文，因為我真的很喜歡她那本描寫自身母女關係的《靜子》，覺得人生經歷不同的人，會在書裡看見不一樣的東西。

身為長女深受母親依賴的洋子，在父親去世後，成了母親各方面的支柱。母親不只是讓她照顧弟妹，分攤家計，心情不好時，也對年幼的她隨意毒打辱罵。為什麼會這樣呢？人一旦壓力沒有找到方式排解，累積起來是會崩潰的，有的人就是會在自己無法承受那麼多壓力時，在身邊找一個代罪羔羊。也因為那個人是唯一被傷害的對象，在其他人眼中，這個加害者對人的態度都很正常，如此一來，唯一受害者所承受的傷害，就更難被其他人相信了。

比起其他手足被母親視為子女，我認為洋子並沒有被母親看成是「自己的女兒」，而是被當成「自己的一部分」，換言之，洋子的個體性並不被認可，所以形成了心理上沒有距離，個體性無法伸張的問題。

所以在洋子母親的眼中，洋子的想法和感受並不重要，而是洋子要理所當然得分擔所有自己咬牙忍耐的工作，如：帶小孩、工作、日夜不停的家事，對於洋子也完全沒有感謝和心疼。她對待她的方式，就像是對待自己的工具一樣。

孩子的依附天性，可能會被不成熟的父母利用

旁人可能很難看出一個父親或母親對兒女的暴力，特別是精神上的。這是因為有的父母只會在兒女當中「選出一個」，做為自己精神上的分身。因為和其他子女的關係正常，於是旁人看到的時候，可能就更難相信，這個父親或母親並不是對每個子女都這樣的。而這也讓唯一被選擇出來做父母分身的那個孩子痛苦萬分，更難獲得承認和救贖。

洋子受到了母親的虐待，看起來像是「一個人對另一個人」的

虐待，然而究其內在，這種虐待發生的原因，卻是因為「她不被當成另一個人」。**她被母親視為自己的一部分，因此可以隨意擺布，因為人們通常認為，自己有對「自己」施暴的權力。**

故事的最後，洋子面對年老失智的母親時，自己也已經年老了。母親因為完全認不出她來，每次迎接她就露出慈祥的微笑；在她因為病痛或生活上受挫時，還會拉開被窩，讓也已經六、七十歲的洋子躲進她的懷裡。

為什麼她身為女兒所渴望的，母愛的溫柔包容，是在母親已經忘記了她是她的女兒時，才終於得到了呢？

洋子說自己當時流下眼淚，對著母親在心裡說著「對不起」、「謝謝」，就像已經失智和失憶的母親會對她說的那樣。但是能夠因為這樣，就說果然感謝和原諒很重要，把這個結局看成一個大和解、大團圓的故事嗎？我覺得並沒有那麼單純。

並不是在感謝和原諒之後，才讓她們找回了被認為原本深藏在某處、只是受到生活現實的阻礙而難以浮現的母女情感，而是洋子終於失去了她的母親。因為母親的失智，忘懷了和她之間的一切，讓她意識到了這一點。也就是說，**唯有不再把母親當成自己的母親，那一切對自己母親懷抱期待，卻又一次次失望所導致的憤怒、失落，以及怨恨，才會真正結束。這一切情感已經沒有了投射的對象，所以也不得不結束了。**

過去的洋子，沒有辦法停止對母愛的期盼，這是心理上過度依附的問題。但母親對洋子，沒有辦法給予對待另一個人該有的尊重，這是抹煞對方個體性的問題。而這些問題，就在母親忘記自己和洋子是母女之時，才在某個意義上真正的結束了。

洋子的母親已經忘記這一切，所以也不是意識到自己過往的錯誤，才改變自己的言行。她改變的理由完全相反，不是想起而是遺忘，正因為忘記了洋子是誰，把洋子當成是對自己很好的陌生人，才給了洋子類似母愛的、一種年長女性對待他人時的善意，而那正是洋子一輩子所盼望的。即使她說著討厭母親、想擺脫母親，但內心深處還是如所有孩子一樣，無法做到放下期待的東西，就是：來自母親的溫柔，一種有人會照顧妳、疼惜妳的安全感。

對於始終沒有建立起正常母女關係的靜子和洋子來說，是在靜子已經一半脫離了塵世，連自己是誰都忘了的時候，才有能力給予。

洋子是對那樣的東西表達感謝，對於精神上已經逝世的母親表示原諒，但在看似圓滿的結局中我感到深刻的悲傷，因為這並不是世俗意義上的「母女衝突的和解」，而是「母女關係的結束」。因為洋子不再把對方當成「應該要給自己母愛的人」，而是單純視其為一個「和自己無關」的婦人，才會對那樣的禮貌和友善感到滿足。

換言之，洋子承認了自己永遠不可能從母親那裡得到愛了。

只探究原因無法療傷止痛

我覺得《靜子》這本書很有趣，不同人閱讀，一定都會看到不一樣的東西。

未曾懷疑過母愛的人，可能會覺得不可思議，怎麼會有人這樣對待自己女兒。但也有可能會透過靜子當時生活的困難來尋求解釋，就好像現在很流行的說法「父母自己沒有被好好愛過，當然也不知道怎麼好好愛自己的兒女。」好像只要能夠理解這件事情，對於曾經遭受的傷害，就能做到諒解似的。而我閱讀完的想法是比較接近於，認為「這也是有可能的事」。

父母對待兒女的方式，以及他們深藏在心裡，連自己都未必理解的情感，本來就不一定是溫柔的。

溫柔和殘酷有可能並存，就像榮格學說裡面的母性原則，就是在說所謂的母性，有溫柔包容、孕育生命的一面，但也有殘酷冷漠、剝奪生命的可能。所以，能否讓母性好的一面充分發揮，其實是很看個人的。

我並不認同某些人，在談到親子關係時，就忍不住替傷害孩子的人找尋藉口，比方說他們沒有被好好愛過，當然不知道怎麼愛人，或者說他們有愛，只是不懂得正確的表達方式。並不是說這種說法絕對錯誤，而是我認為比起加害的人，在這段關係中，我們更應該關心的是弱小的受害者。

因此，重點應該是怎麼樣讓在親子關係中受傷的人，走出父母不愛他的陰影，且不再受到自己就是不被愛、沒有資格被愛的感受所束縛。

除此之外，我也不認為處理親子關係問題的重點在於感謝或原諒。感謝和原諒總是之後的事情，我認為最優先的，是心靈的療傷止痛；而有些痛苦太過深層，只有關係的徹底結束，才是痛苦的結束。

對於一直渴望找回那份失落的感情，希望能開啟對方內心對自己的一絲在乎的人來說，當對象是父親或母親的時候，意思就是，承認自己在精神上已經失父或失母，體會到人生在世，終究是孤獨一人，是很困難的決定，但可能也是唯一能療傷止痛的解方。

這樣的覺悟雖然很沉重，卻也只有這樣，才能讓自己對父母停止期待，結束因為希望一再落空而導致的痛苦。

追尋愛的旅程，最終要回歸自身

學生時代，有個朋友和外國人交往，和我聊到一件在交往過程中令她印象深刻的事情。

她在美國拜訪男友家人的時候，男朋友的媽媽，除了給她熱情的擁抱，還對兒子說：「她真的跟你說的一樣漂亮！」讓她覺得受寵若驚，這和她之前在台灣交男朋友，對方的父母總是用打量的眼光看她，完全不同。

當然，也可能跟文化、國情沒有太大關係，只是不同的家庭有不同的風格，但是她後來嘆口氣說：「妳知道嗎？連我媽媽都沒有稱讚過我漂亮，只會說我醜。」我就覺得很有共鳴。

與年幼的孩子可能會被當成媽媽的洋娃娃，打扮得漂漂亮亮的階段不同，好像到了青春期以後，女孩開始為自己打扮，就很少會聽見來自母親的讚美了。不知道是不是因為做父母的，總是看不慣年輕人的風格，還是因為父母認為，在打扮這件事情上，孩子還是應該要聽長輩的意見。總之那個朋友跟我說，她很喜歡男友和他的家人，就是因為他們總是說她「很好」，不限於外貌，而是在各方面給予肯定。

為什麼自己的媽媽，多半對自己更加嚴苛呢？在和女性朋友聊到類似的事情時，很多人有這樣的疑惑。

在別人眼中是很好的，在自己母親眼裡，卻有一百個值得嫌棄的理由。有人說，那是同性相斥，因為是一家人，母親對自己的女兒，反而更難擺脫那種同是女人的競爭意識。我也曾想過是不是因為重男輕女的傳統，在現代社會換了一個方式運作，表面上母親不會因為性別就嫌棄女兒不好，但是就是可以從其他方面，察覺到母親對女兒，就是和對兒子不同。

總是不自覺地採取否定和排斥的態度，卻又被包裝成「媽媽不是針對妳，只是就事論事」的樣子，女兒就更難做到去指認這樣的傷害並且與之對抗。然而，不管原因是什麼，我覺得更重要的，是該如何從這樣的關係中走出，不再深受這種錯誤對待的影響。

就像朋友自己也說，似乎是過度重視了男友和其家人的讚美，「好像有點虛榮」，但是不可否認的，那也安慰了她在家族中，不被自己母親喜愛的痛楚。

人總是會本能地尋求療傷，但是如果過度，其實也會有一種走不出過往陰影的感覺。

沒有被愛過，不表示沒有能力去愛人

親子關係的矛盾，會影響到我們對伴侶的尋覓和追求。

我在看日本臨床心理學者河合隼雄分析童話時，有一個令我印象深刻的故事，叫做《沒有手的女孩》。這個故事在歐洲和日本都有非常類似但細節不同的版本。河合隼雄認為，這反映出人們在潛意識的底層，有著跨越文化的共同之處。當然，不同點也很多，不過這不是討論的重點就暫且不論，我先簡述故事的內容。

有一個女孩因為信仰虔誠而激怒了惡魔，惡魔對她的父親施壓，逼他砍去自己女兒的雙手。不同的版本有不同的設定。有的是父親被惡魔所誘，犧牲自己的女兒去換取某些利益，有的則是女兒的親生母親或繼母，因為嫉妒女孩的美貌，因而慫恿丈夫傷害自己的女兒。

沒有手的女孩獨自在森林流浪，遇見了相貌堂堂的王子，王子的母親是一位溫柔的女性。在和王子結婚之後，女孩受到丈夫和婆婆的呵護，生下了一個孩子，過了一段幸福的生活。但王子再度遠行，女孩因為沒有手，只能透過婆婆寫信與丈夫聯繫，在這段情節中女孩的繼母再次登場，扭曲了書信的原意；有的版本則是說，在王子不在的時候，女孩和婆婆產生了誤會。總之，王子收到的書信中，帶著破壞兩人幸福婚姻的訊息。

受到誤會和打壓的女孩，不得不帶著孩子再次離開，踏上一個人的旅程。因為沒有手抱著孩子而只能背負，在路上因為孩子滑落，她不假思索地想要伸手去接，這個母親護住孩子的動作讓奇蹟發生了：從切斷之處長出了完整的雙手來。最後，女孩和王子重逢，靠自己的力量解開了誤會，一家人重新過著幸福的日子。

河合隼雄在分析這個故事的時候，指出了手的意涵，那是女性和自己內在母性的聯繫。

被切斷了手的女孩，可以說是沒有得到母愛，也可以說，是和外在的母性失去了連結的機會。再講白一點，就是用被切斷手這件事情，來象徵女孩沒有疼愛自己的母親。而我認為，如果母愛是這世界上所有不同形式的愛的根源，或許可以直接想成，這就是一個沒有得到愛的女孩吧！

但在此我更想強調的是，我認為的母愛，不一定要來自直接的、有血緣關係的母親，我想用更概括的方式來使用這個詞彙，用來指稱可能來自任何人，但總之是代表著無條件包容、接受他人的那種愛。

因為我不是榮格心理學派的專家，讀到這段故事和學者對它的分析時，只能用自己的方式去感受和解釋。我覺得那是**歷經千辛萬苦，受盡委屈而不斷獨自踏上旅程的女孩，在想要用自身力量保護**

孩子的時候，終於長出了代表著聯繫和愛的雙手。

這結局令我熱淚盈眶，給了我一種從自己內心深處長出力量的感覺。

尋回內心力量的旅程，必然是孤獨的

女孩的第一次流浪，也讓我想到生活中常發生的事，例如前面提到的那位朋友，她在母親那裡得不到欣賞和讚美，就在男友和其家人這邊尋求彌補。這個過程就像故事中的女孩，從王子和王子母親身上，找到了原本在原生家庭被切斷、被否定的愛。

我們是不是每個人都曾經歷這樣的過程呢？或許不是每個人，但就是在自己的原生家庭裡，覺得從父母那邊，得不到無條件的愛和包容的人，會有種自己一直在流浪、不斷在和他人關係中尋覓愛的感覺。能從別人那裡得到被愛的感覺，就像故事中的女孩遇見了王子和王子的母親，或許也是一種幸福。

但是故事的發展，惡魔的再次介入，則暗示了這種幸福並不安穩，隨時有著被破壞，被收回的危險。因此最終女孩還是被推動著，踏上了找尋自己內心力量的過程，而且是「一個人」出發的。

我覺得這個故事很像一個隱喻。雖然人們對原生家庭，特別是母愛，寄託了非常多的理想，但是母性有溫暖和包容的一面，也有殘酷和控制的一面，當另一面被強化的時候，孩子很有可能感覺不到母愛的溫暖。

不被母親肯定和接納的傷，會推動我們踏上向外尋求的旅程。但真正完整的個人成長，卻不會止於從別人那裡得到彌補。**光是被愛還不夠，更重要的，是自己內心要產生，能夠愛人愛己的力量。**那就是女孩在最後，為了保護自己所愛的人而使奇蹟發生：從被自己父母切斷的地方，重新生長出來的雙手。同時，擁有這樣的雙手，也象徵著女孩可以開始與人建立連結。

手不僅可以擁抱、握住，也可以在別人需要的時候施予力量，總之，追尋愛的旅程，最終要回歸自身。我非常喜歡這個故事，每次回味起都覺得非常感動。當我又覺得有所失落，對身邊的人心存怨懟的時候，我就提醒自己，想想沒有手的女孩。

但我覺得不能從表面上理解這個故事，它並不是在暗示每個女人都應該成為母親，沒有那麼流於形式，而是在說，當你有了想要保護、想要付出的對象時，儘管你沒有從外在得到過那樣的愛，也不表示你的內心，沒有用那種愛去愛另一個人的可能。

千萬要相信，你值得「被愛」與「愛人」

經常在談論親子關係的文章中，看到一種說法，就是孩子成人之後，對於父母（特別是母親）不曾好好愛過自己，而從失落漸漸走向釋懷。釋懷的理由，多半是在了解了父母的成長背景之後，知道了父母也只會那種做父母的方式。

「沒有被好好地愛過，當然不懂得愛人。」

這句話就諒解了父母對自己的一切不如意，但也暗示了，錯誤的對待會被代代複製。

我覺得對於自己的親子關係有所懷疑的人，比方說曾經被虐待、被言語或肢體暴力，或者被冷落，被貶低和羞辱等，總之，在親子關係裡很少感受到愛，而是更常感到困惑，不知道父母究竟愛不愛自己的人，其實會對前述那句話，感到不寒而慄。因為這就好像在說，諒解了父母還是一回事，另一件更令人存疑的，就是自己有沒有「愛人的能力」了。

如果說，不曾被好好愛過的人，就不懂得好好愛人，那父愛或母愛失落這件事情，就像一個人身上無法解除的詛咒；也會讓人懷疑，自己有沒有能力，做一個能付出愛的人吧！因此，一直以來，我對於用這樣的說法去諒解他人，認同的程度是一半一半的。

每一次人與人的相遇，都是一個契機

好像可以理解，當我們用「他沒有被愛過，當然不知道怎麼愛人」的這種說法，去解釋他人的行為時，會比較能釋懷對方對自己的不愛，其實是種無能為力。然而如此便宜行事的想法，一旦延伸解釋，擴大聯想到自己身上的時候，也會覺得這種說法，是從起點就否定了人的可能性。

來自缺乏愛的家庭的孩子，會被認為將來就沒辦法成為能對別人付出愛的成人，因為人類，就是只懂得用自己被對待的方式對待別人。好像有點這樣的暗示。

所以，我覺得這樣的說法乍看很溫柔，卻有很殘酷的一面。說這句話的人可能並不了解，受到傷害的人其內心深處，對於自己也可能成為加害者，有著多麼深刻的恐懼。此外，這樣的說法也不全然公允，因為它把每個人都描述成自己父母的複製，然而事實上，我們總是可以看到不少甚至是很多，因為從父母那邊沒有學到正確的方式，而當自己轉換立場，對待孩子或他人時，反而能更加謹慎小心，希望自己不要重蹈覆轍的人。

換言之，即使從父親和母親那裡，沒有得到正確的愛和關心，但是在人生道路上，還會遇到非常多的人。**每一次人與人的相遇，都可能是一次次教會別人溫柔的契機**。所以即使父母的對待不完全正確，個人仍然有機會能夠發掘出自己內心，正確地去愛、去關懷他人的能力。

在我看來，孩子長大成人的旅程，不必然是在父母走過的軌跡下重複，而是有能力去自我開創，去找到內心那彷彿被封印、被隱藏的力量。

朝內心深處挖掘，比向外尋求踏實

我從因為外貌而被自己母親嫌棄，卻在男友及其家人身邊找回肯定的朋友身上，聯想到《沒有手的女孩》的童話故事。也想到許多就在我們身邊，那些和伴侶未必沒有愛情，但是認真說起來，選擇結婚建立家庭的衝動，主要還是為了逃離沒有讓自己感到被愛、覺得痛苦的原生家庭的人。

我自己都不能否認，我的結婚動機就是渴望擁有可以用自己想法打造的家。想從生活習慣，到家人間彼此關懷的風氣都重新建立。但是對這樣的我，還有和我有類似想法的人來說，我們這個尋找愛的旅行，都還只進行到一半吧？與被切斷的愛重新連結，還有發展出自己能夠自發性的，不依賴他人就從內心湧上的愛和力量，都不是透過一個形式上，和原生家庭分離的家庭就可以保證的。

從父母那邊沒有得到的愛，即使從伴侶身上得到，也只能一部分地彌補，而且，這樣的彌補還有對方可能會變心，因而失去的風險。因此，**最終我們還是要靠自己，在想為他人付出的時候，找到**

屬於自己的愛的力量。

比起宿命般斷言沒有被愛過的孩子，長大後也不懂得愛人。我更想要相信，每個人都能成為故事中，即使受到詛咒，也有能力改變自己命運的英雄；能追尋自己想要相信的事物，並在最終發現，真正想要的，就在自己的心中。

從「創傷」中「創造」出全新的自己

在日本知名女演員樹木希林的書上看到，「創造」的「創」和「創傷」的「創」是同義字。所以創造，就是從創傷中修復的過程。

深表同感。人這種生物，與其說是非常完整無傷地，健全地長大成人然後老去，不如說反過來，出生時擁有非常完整的心靈和自我，在成長的過程中卻是不斷碰撞，留下傷痕，再從那傷口中產生出什麼來，才是人最後的狀態。

然而，這並不是說嬰兒的完整才是完整的，而是說嬰兒的自我非常純粹。從孩童成長為大人，就是以一個非常純粹的、以為這個世界上只有自己的自我，到逐漸學習到每個人都是獨立的個體，和別人的自我相處、互相交流的過程。

人與人之間，就像不同種類的生物，或者是不同種類的礦石那樣相互碰撞，有疼痛，也有耗損。

比起追求圓滿或守護自己的圓滿，**從不完整、受挫中生長出來的東西，一個人的想法、待人處事的態度、自己已知的原則，甚至連自己也不知道的潛意識，把那些全部都整合起來，才是一個人真實和完整的樣子。**

只是我們往往排斥受傷的經驗，想起受傷的回憶時，都只覺得不想受到陰影所困。想念那個不曾受傷的自己，所以本能地，憧憬著好像不曾受過傷、沒有受過打擊的人生。

接受曾經受傷的自己

我在三十歲以前還時常會想，羨慕那些在我身邊，好像沒有受過傷，一路上順風順水、受到父母疼愛、擁有美好愛情的人。雖然這樣的人不多但實際上還是存在，比方說我的一個朋友，提到自己的家庭時就不只一次地說道：「我們家真的超有愛的。」

不是誇飾，她是真心這樣認為。她的父母感情也很好，所以從小到大，她一直把這樣的家庭氛圍視為理所當然。這讓我覺得不可思議而且羨慕；觀察她的行為，也會覺得她比我更有自信。

但是現在想起來，一切都很完美，像一顆圓球那樣完整、沒有任何不平順、沒有坑疤的幸福，也有可能是我擅自加上的想像。在這個世界上，不存在完全沒有受過傷的人。

來自一個溫暖家庭的人，明明自己沒有優越意識，也不覺得自己有看不起人的想法，但是在別人眼中卻像溫室裡的花朵，言行中不自覺就流露傲慢，這種種來自他人的評價，或許也是一種傷害也說不定。所以每個人，因為個人不同的條件，或多或少都會遭遇挫折，會有傷心難過的時候，也會被他人否定，只是程度不同而已。

而那些傷害會帶來多少成長，或是一個人會就此一蹶不振，就要看他怎麼看待那樣的經驗，並且從中創造出什麼來。所以，或許這樣看來，「創傷」和「創造」好像在某種程度上，是真的具有相近的意義。

在每一次受傷、受挫時，如何安撫自己受傷的感受，用什麼態度面對……，這一系列的想法和選擇，會形塑一個人未來的樣子。

嗯，這樣說好像太抽象了只好以自己為例。

成長，就是從傷害中重生的過程

小時候，最讓我感到有壓力的事情，就是家庭裡的氣氛了。當時不知道，現在回想起來卻覺得，是那時我應對問題的方式，造就了今天的我。

那時唯一讓我感覺到受傷的事情，就是父母的相處情況並不穩定，好的時候很好，糟的時候很糟。我的內心因此有著爸媽會不會離婚、我們家會不會分崩離析的恐懼，也開始思考，為什麼人在關係當中，可以這一刻如膠似漆，下一刻又水火不容。

總之，在其他事情都堪稱平順的童年和青少年時代，父母的相處主導著我們的家中氣氛，只要他們吵架，我就很擔心；唯有他們和好的時候，才能暫時地鬆一口氣。也是在那個時候，我養成了寫作的習慣。因為我發現到，自己的想法和感受，並不是那麼適合與人分享。

即使是同住一個屋簷下，每個人對於父母吵架這件事情，感受還是截然不同。作為當事人的父母，想法一定跟旁觀的孩子不一樣，而孩子的想法，又跟手足、親戚都有所不同，我在那時就意識到，每個人都是不同的個體，即使在同一個時空下，同樣目擊一件事情的發生，觀點和感受都可能天差地別。

當時的我覺得自己很孤獨，因為沒有人能理解我把自己關在房間裡，聽著父母爭吵時的心情。也有很多的自我懷疑，想說這是不是根本不算什麼，畢竟我也沒有身體上的受傷，真的有人受傷的情況也不多，成人世界的婚姻，會不會原本就是這個樣子，就像有人說的每一段婚姻都千瘡百孔，只是我大驚小怪而已呢？所以若與人訴苦可能會有人說「這算什麼，還有更嚴重的呢！」當然最常聽見的是「所以妳要更懂事一點啊，爸媽現在這麼辛苦。」好像孩子的懂事，能彌補婚姻中的遺憾似的。

總而言之，因為說出去不能得到單純的認同，也懷疑自己的想法是不是和別人差別太多，我開始把心情寫下來，養成了在日記上自言自語的習慣。雖然當時不覺得這是最好的方法，因為我最想要的，還是一個生活中能夠理解我，並且重視我感受的人。但是，既然沒有辦法找到這樣的對象，那也只能寫下來，想像這些文字，終有一天會有被讀懂的可能。

我記得我寫了很多重複的字句，大概都是「不要怕，總有一天會有人懂妳，會有人知道妳很害怕、很難過」，我在文字裡抒發孤獨，寄託希望。而那樣一個無心採取的舉動在變成習慣之後，意外地造就了今天的我，成為一個寫作的人。

處理創傷的不同方式，造就了不同的人生

每個人在面對不愉快、痛苦和孤單的時刻，一定都有自己的處理模式？如果我那時選擇的是去找朋友，一個找不到就找另外一個，把期待被理解的渴望，寄託在人際關係的互動，而不是寄託在文字上的話，或許，現在的我又會是截然不同的樣子。現在回想起，我認為**人類是從創傷中創造出什麼來的，而那個最重要的創造，就是自己；是現在的自己，也是未來的自己**。

在感到沮喪、煩悶，甚至是痛苦的時候選擇做什麼事、用什麼態度反應，會像開始一個新的習慣那樣，成為我們下次又有類似感覺時會去做的事情。而那最後就會累積成，我們是什麼樣的人，過什麼樣的生活。

覺得沮喪難過的時候我就會想要寫作，不是對著某個人說，而

是對著自己的筆記本、電腦螢幕不斷地寫。過去覺得好像是一個人在密閉空間裡創造回音一樣的行為，現在也能夠看見這樣的選擇有相對的好處，就是：我在寂寞痛苦時，會先和自己的內心對話，不會立刻去依賴特定的某個人。因為不是期待、或者是尋求某個人聽懂我的想法，而是在自己的世界裡自言自語，因此不用去擔心別人的不解，反而讓我的孤獨雪上加霜。也就是說，我總是能聽懂自己的話語，因而避免了把煩惱寄託在人際上，然後又找不到一個能聽懂的人，反而覺得更受傷的情形發生。

當然，我也不是說這是唯一好的，或者是最好的處理方式。只能說從創傷中尋求療癒的時候，每個人都有機會發展出最適合療癒自己的方法，而不管這個方法是什麼，都是一種從「創傷」中「創造」自己的重生過程。

勇敢地把受傷當成開創未來的指引

有些看似非常瑣碎、微小的選擇，其實會深深影響我們對自己人生的創造結果。

例如：有的人心情不好時就會喝一杯奶茶、買一塊蛋糕，用一些小小的、儀式性作為，來抒發一時的壓力。但是也有人變成過度，心情一沮喪就暴飲暴食，體重因此過重，也傷害健康。我想說的，**是有些好的、療癒自己的方式，能讓我們從傷害中，不只是逐漸復原，更有一種重獲新生的感覺**。比方說曾經受到父母冷漠對待的人，覺得自己從創傷中學到要做不同的事，為了不重蹈覆轍，努

Hurt

力傾聽孩子的心情，成為對孩子更溫柔的父母。但是，也有些情況是，因為不想成為冷漠的父母，卻把自己變成了溺愛孩子的父母，對孩子造成了另外一種自己沒有體會過的傷害。

我們在尋求復原的過程中，有時會不小心走過了頭，比方說因為信任別人而受了傷的人，可能從此選擇不再信任，對人防備，甚至主動去欺騙或利用別人，就只為了不讓自己再一次受挫。

無論如何，療癒自己作為一種人生的創造，有各種的可能性，各式各樣的發展，每個人、每個當下、每一個選擇，都是不同的。

換言之，自己現在處理這個傷口的方式，不管是回憶中落下但至今仍隱隱作痛的傷，或是正在發生令人不知所措的傷害，兩者都一樣。一定要記得，自己因為這個傷害所做的「選擇」，會像在捏塑黏土一樣造就成未來的自己；如果在面對傷害時，都謹記這一點，那我想每個人就一定會謹慎地思考，自己該如何「妥善選擇」

面對傷痛。

每一個選擇，都可能改變人生

人要改變自己的時候，只要採取行動就一定會帶來什麼影響。覺得自己不可能釋懷過去的傷害，或者，覺得自己一直受到當時的陰影所囿，這種心情，是因為不喜歡這個從創傷中創造出的自己；也可以說，是一系列錯誤選擇下，把自己變成自己不喜歡的樣子的結果。

有個美國實境節目叫《沉重人生》，它是訪問並追蹤報導了一些因為受過傷害、心理壓力，選擇用暴飲暴食來為自己療傷的人。

他們為自己創造的不只是過胖的身體，還包括了整個生活方式、一沮喪就吃東西的習慣，最終，創造出因為失去健康，而在各方面都受到限制的人生。

節目記錄下了他們怎麼成為現在的樣子，並且怎麼樣努力，想要掙脫這個舊習慣的過程。只是畢竟過胖的時間太長，仰賴食物的習慣難以一夕改變，所以很多人就陷入了「下定決心改變－受挫－再度暴飲暴食」的惡性循環。

這個節目使我有所啟發，那就是：受到創傷之後，所做的選擇至關重要，其影響的不只是當下那一刻，還包括未來的自己。

我曾經在文章中提到，面對過去的創傷，最重要的不是對造成創傷的人，或者對過去這整件事情的原諒，而是對於自己當下已經受到這個經驗所影響的存在的狀態，必須要有能「接受」的感覺，如此，才能真正釋懷放下。因為自己現在的存在，某部分來說，總是那個創傷所引發的創造。

就像現在的我，雖然還是會羨慕別人和自己的父母手足無話不談、彼此能夠理解和包容。**但是，只要想到現在，我是一個能夠寫作的人，就也不會想要拿自己以前受過的傷，去交換一個沒有傷的人生**。因為我喜歡寫下自己的心情。喜歡在網路上，或者是透過出版分享文字時，會有人對我說「我能理解」的時刻。所以最重要的，是要能喜歡「現在」的自己。

說到底，現在總是過去的累積。我們不可能回到過去，把創傷一筆勾銷，讓發生過的事情都變成沒有發生。但是只要能喜歡現在的自己，終有一天，會覺得那些傷害都無所謂了。無所謂並不是說傷害變得沒有意義，或者想起來時，能完全不覺得痛苦或難過，而是說在包含了各種遺憾、悲傷、憤怒甚至是怨恨的同時，還是能對經歷過這些的自己抱持好感。

就像是在對自己說：「雖然不喜歡過去發生的事情，但是我喜歡現在的你。」

拾起破碎的心，把它變成藝術吧！

我想成為一個，因為曾經體會過孤獨的傷，所以能理解孤獨的人。

不對別人輕易地評斷，也不強加自己的想法。想要被溫柔對待，唯一的方法可能是：自己先對人溫柔。雖然，難免也會有錯付真心的時候，但是比起因為自己受過傷，而對別人變得嚴苛，因為知道那一定只會帶來同樣的對待，我寧可先去冒險。

所謂的溫柔，並不是對什麼都含糊其詞、避免起衝突所以刻意附和、做什麼都只想讓對方自我感覺良好；想要「被認為溫柔」，那種溫柔就不是真心的。**我認為的溫柔，是能理解每個人都有不同的想法，且不會認為自己是唯一正確的，也不會去壓迫別人的那種態度。**

雖然自己說有點不好意思，但確實被別人說過「是一個溫柔的人」，我覺得如果那是真的，那應該是過去的創傷所致吧？因為曾經體會過那樣的傷，不希望自己讓別人感受到那樣的傷害，更不想因為創傷，就變成一個具有攻擊性的人。

當然那樣的人也所在多有，其實那樣的發展也很正常，因為每個人都覺得自己受過的苦最苦，感覺不被理解的時候，過去的痛苦和憤怒會一併湧現。因此，有的人就會不假思索地加以反擊，想在又一次遭受打擊之前，先保護自己，攻擊別人。

但我想成為因為自己經驗過，所以能理解其實每個人內心都有傷的那種人，想認同每個人內心裡的孤獨。

不是要去感謝傷害，而是試著去接受發生在自身的一切

不被理解時雖然會難過，但是我也會想去知道對方為什麼不能理解我。很多時候就是在努力的過程中，對對方、對自己，放下了原本嚴苛的態度，因而開始能去思考其實互不理解，是很正常的。

並不是感謝曾有的創傷、或者感謝曾經傷害自己的人，讓自己成為現在的樣子。「感謝傷害」這種說法我總是覺得有一點矯情，但是，或許可以感謝在受過傷之後，努力做出符合自己期待的選擇的自己。

因為自己沒有自暴自棄，或者是用了錯誤的方法，讓自己受了更重的傷，而是努力地去接納這個傷口，讓自己重新完整。

創傷是沒有人想要的經驗，如果可以，人性總是希望能夠過得

順風順水，不管是愛人或被愛的需求，對名利和成就的欲望，都希望能獲得滿足。但是挫折和創傷不可避免，當傷害發生，也只能，或者說最好把它視為一種機會。就像美國知名演員梅莉．史翠普，在得到金球獎終身成就獎時說的一段感言：「拾起你破碎的心，把它變成藝術吧！」

那個藝術品就是你自己。即使受了傷，你還是有機會，活出自己喜歡的模樣。

關於 中年

Midlife

中年，不是除了責任以外什麼都沒有的階段，也不是在預告接下來的老年，人生只會走下坡，過去的努力已經成形，我們現在所背負的，是過去懷有的夢想成為現實時，所必然要承擔的另一面。

步伐慢一點無妨，偶爾停下來也沒關係，人生並不是在跟別人賽跑或者跟時間追逐。只要朝著的目標正確，就能像找到指引人生方向的北極星，自覺每一步都很踏實。

到了中年之後，也不要忘了爲自己而活

在成為母親的最初幾年，幾乎所有時間都被孩子占據。我和朋友會開玩笑地說：「夢想是什麼，可以吃嗎？」好像能這樣否定曾經想要的一切，就是「成為大人」的象徵。

但這樣說的同時，內心其實有些苦澀，因為，就算不用夢想這麼偉大的說法好了，人總是有自己想做、未來也想一直做下去的事情。要「放棄」其實會讓人很失落，也會覺得一直以來的追求，好像被人欺騙。原來人生到中年以後，就再也沒有什麼值得期待的事情了。

每次聽到有人說，「我都已經這個年紀了，不可能為自己而活」，就覺得好像在說人生已經結束了一樣的悵然。

如果人只有在年輕的階段，才有可能活得像自己，那麼對於下一代還有責任的我們來說，好像是在示範給孩子，還有年輕一輩的人看，說人生不過如此，到中年就結束了。

雖然人到中年，就是必須負起很多的責任，但我想在「責任」和「自由」之間，好像還是有爭取些什麼的縫隙。至少，我是希望這樣想的。

雖然在有小孩之後，我一度對於自己未來能做什麼感到悲觀，但是最近，又好像比較能轉換心情，用正面的態度去看待，自己所受的各種限制了。

不是只有年輕人，才能活出自己

中年不是除了責任以外什麼都沒有的階段，也不是在預告接下來的老年，人生只會走下坡，而是過去的努力已經成形，我們現在所背負的，是過去懷有的夢想成為現實時，所必然要承擔的另一面。同時，中年也是面對自己的人生，要為下一個階段做準備的時期。

這個準備不僅是經濟上的，也有心態上的。如果中年時沒有找到自己未來想做的事情，只覺得自己中年「已經夠老了、不要再想那麼多」，那麼到了真正的老年期，一定會後悔自己沒有把握中年時還有的精神和體力。

我開始覺得人到中年，「活出自己」反而不能是口號，而是非實踐不可；就跟為自己而活一樣，是現在再不做，就來不及了的事情。甚至，或許還比年輕時還更加重要：為了不讓自己在人生的下個階段，因為迷失了方向而成為別人的負擔。

我們為什麼總覺得為自己而活，是只屬於年輕人的選擇呢？寫下思考這件事情的過程，也是我活出自己的努力。因為寫作，一直是我覺得活得最像自己的時候。不是為了回應別人的期待，也不是想藉此得到寫作以外的什麼，就單純是覺得在寫作的時候，有一種自己真真切切地活著的那種感覺。

比起年輕的時候，一心想符合別人的期望或者想追求成功，現在，覺得人活著的目標，就是要活得像自己。希望和我一樣正在這個階段，為了人生接下來該追求什麼而迷惘的朋友分享心情，願我們在忙碌的中年生活中，依然能追求自己想做的事情。

好像突然理解了人生究竟是怎麼一回事

整理電腦時，翻出以前寫的小說，突然感傷了起來。很難解釋這種感傷是什麼，是覺得自己年華老去還是時不我予，兩者理由可能多少都有一些。無論如何，隔了這麼多年重看自己寫的小說，發現我好喜歡自己當時寫下來的東西，但是這種喜歡，竟然讓人有點感傷。

當然，我也喜歡自己現在寫的東西，不管是作家還是部落客，對於自己的文字，沒有這種最起碼的自戀是做不成的。但是看著以前的文字，就是有種彷彿在看另外一個人的感覺。因為相隔太久，好像看著一個不認識的作者然後感嘆「啊，我好喜歡這個人寫的東西。」但這人是別人也就罷了，不是，而是多年前的自己，就忍不住想：「這人哪裡去了呢？」而為此感到感傷。

雖然有些部分保留了下來，但也有些部分，因為懂得太多而不可能和當時一樣了。因為有一些非常纖細的感情，我覺得是年輕人才會有的，所以**那種感傷就是一種覺悟，體會到自己別無選擇的，變成一個中年人**。

這樣的好處是什麼呢？我認真想，不是因為人一定要過得多正能量。沒有基礎的正能量，其實只是一種空虛的口號，而是因為人總是需要一點點喜歡當下的理由，否則，就永遠只會覺得過去最好。

我想應該是過去寫下的故事，現在可以續寫了吧？因為現在的我已經可以想像，故事裡那些閃閃發亮的年輕人，現在變成什麼模樣了。看來也會是有些感傷的故事呀！

時間不會等人，只能往前走

從一個讀者的角度來說，有時候會從一個故事結尾在哪裡，看見一個作者經歷到哪裡。當然，如果他就是想要停留在純真美好的歲月那就難說了，因為他可能明知道結局但放在心裡。但是身為作者，覺得年輕時的我嚮往過的一種「厚度」，或許現在可以把它補上了。

年輕時寫下的故事很輕盈、很純粹，但也少了一點現實的重量，因為自己理解的範圍就到此為止，所以也只能寫到這裡而已，要是故事再繼續下去，就會自曝其短。

就像十七、八歲的人很容易覺得，只要三十歲人生就已經結束了。一方面是因為害怕變成自己不喜歡的樣子，無法想像活到自己不喜歡的年紀，另一方面，則是因為不曉得在那之後究竟是什麼。

所以故事總會在那時嘎然而止，好的或壞的都一樣，結局會在大家都邁入三十歲之前到來，就是中年之前。

但變成中年的作者呢？就會知道人生不會在那個時候結束啊，某些塵封起來的纖細透明的東西，你會把它藏起來，走下去，然後，還會發生很多很多事。

在敝帚自珍、感嘆著過去的自己好有才華的時候，也自覺到才華會隨著時間流逝。雖然有些東西不會隨著時間消失，而是會因為投入努力而不斷累積，像是技術、技巧，對架構的掌握之類。然而，有些東西，隨時間過去就真的是消逝了。

知道自己不會再抱持那樣透明的感情，步入中年以後，人對事情的感覺，看事情的方式，都太沉重了。「我真的變成一個中年人了啊！眼中的世界越來越不純粹唯美了……」會有這樣的感嘆。但是，也開始思考邁入中年的好處。可能因為我不是很想要成為，為了無法改變的事物長吁短嘆，就此止步不前的人吧！

用自己的方式，爲自己的人生負責

人生經歷雖然會帶來很多不令人愉快的東西，應該說知道了很多事情，不如年輕時想像的那樣簡單。但也是因為那些經驗，關於人生，會覺得自己能理解的範圍變廣了。或許反過來說，因為接觸過的人跟事逐漸累積，終於知道這個世界很大，自己不理解的事情其實很多，是很正常的。

人也會因此變得謙卑，看待事情不再那麼武斷，同時，也更覺得要時常放空自己，好好學習。

此外，年輕時總是用自己的角度去看待事情，明明是沒有體會過的，卻也覺得「就是那樣」；明明沒什麼經驗，卻自認為懂得很多，把「知道」和「理解」混在一起。

人也因此有些莫名其妙的自信，覺得自己想做的都能做到，只是缺一個機會。但是人到中年，因為已經有過很多次的失敗，反而會知道自己懂的永遠不夠、能做的事情也有限，所以，要更謹慎地去做選擇。此外，也不會採取被動，雖然還是有人會因為怕失敗，覺得自己年紀大了更不想丟臉，所以面對自己想要的東西，仍然會採取等待的姿態。但是對我來說，隨著年紀增長，越來越清楚知道，機會不會平白降臨。

想要嘗試什麼，或想被人看見，都要有主動跨出那一步的勇氣和決心才行。時間有限，要做什麼選擇都是個人的事，沒有必要跟別人比較。年輕時很在意自己是否能在同儕當中「脫穎而出」，現在，或許是因為脫離學校已經很久了，終於明白，人與人的比較其實並沒有意義。

每個人都必須對自己的人生負責，而選擇負責的方式，每個人的做法都不盡相同。

找到即使邁入中年，依然想做的事

我在成為一位媽媽、大半的時間都奉獻給家庭之後，更覺得自己想要寫作。

雖然有些年輕時能寫的東西已經寫不出來，但邁入中年，覺得有現在這個階段才能寫出來的東西了。想寫出能讓中年的讀者有所共鳴，也能讓尚未邁入中年的讀者，覺得擴大了他們的想像的故事。因為自己是中年了，所以更有一種體會是：如果一個故事能寫到讓中年的讀者哭，那跟讓年輕讀者哭的意義是不一樣的。

某種意義上是更難了。不是因為中年人沒有想哭的事或想哭的時候，其實這種時候還比年輕時多更多，而是因為把那樣的纖細和易感都藏了起來，不藏起來沒辦法生活，但是如果不小心被觸動，真的會非常想哭。

我把自己過去的小說翻出來的時候，大概就是這種想哭的感覺。一邊想要為步入中年這件事情找些積極的意義，一邊還是有點感傷。「年輕的我哪裡去了？」或許中年就是這樣一邊自問，一邊走下去的過程吧！

總要經歷些徬徨不安，才會懂得寬容自己

回頭看自己過去寫下的文章，有時會覺得驚訝，自己的心境，和過去竟然已經完全不同；然而說是過去，也不覺得是那麼久以前的事情啊！但人的想法竟然在成年以後，還會有這麼多的改變；人適應環境的能力，還有轉變心態的可能性，果然還是不可小覷。

幾年前，我因為初為人母而迷惘，寫下了《成為母親之後》，那是我對母職、對自我、對未來人生的徬徨的一本紀錄。

現在的我一樣時常感到迷惘，畢竟照顧孩子，有很多事情要做出選擇，難免會懷疑自己究竟有沒有做對。但是和當時比起來，

現在的我少了很多焦慮，可能是因為孩子終於長大，兩個都能去上學，把一點點屬於我自己的時間還給我了吧！

當年的我雖然並不後悔成為母親，卻很害怕自己的人生，從此就是這樣了。因為母職占去了我太多的時間，正確來說幾乎是所有的時間，讓我突然意識到自己不會像年輕時想像的那樣，理所當然地家庭事業兩兼顧。對於自己除了是個母親以外，未來會不會什麼都沒有，而感到強烈的不安。

然而，身邊的人卻無法理解這樣的心情，因為他們或許是以為，這一切問題，包括有小孩之後怎麼工作、小孩生病時能不能請假，我都是想清楚了才做選擇，而那個選擇就像很多人認為的：「你既然要當媽媽，當然是以孩子為重，自己的事情全部都可以放棄」，而實際上，我覺得自己並沒有想那麼多。

應該說我想得很簡單，覺得以前的媽媽都可以做到的事情，現在的我當然也可以做到。我根本就不知道以前做媽媽的環境和條件，和現在有多大的不同，就是單純地以為，時代在進步了，所以以前可以的事情，現在應該不只是可以，還能做到更好才對。

我以為自己會是一個更有自信、擁有更多自由，更不需要在家庭和事業之間為難的女性，卻沒想到很多社會變遷，其所帶來的影響並不像表面上那般簡單。

現代的女性，其實過得更辛苦

這個時代所強調的比傳統上更為親密的親子關係，其實要花更多的時間去交換。放下權威，不責罵也不體罰的父母角色，意味著要花更多時間去和孩子建立平等關係，用耐心等待去取代速效。

整個社會環境也不同了。在過去，擁有幫忙帶孫的祖父母或外祖父母幾乎是理所當然的事情，但是現在，祖父母都是在戰後社會走向開放，相對自由的社會風氣下成長的，退休後可以完全卸下家庭責任，自由地享受悠閒的生活。比起說好聽是含飴弄孫，實際上就是幫忙顧小孩的忙碌生活，前述的自由生活更令他們嚮往。所以有沒有人幫忙帶孫，讓年輕的父母可以安心工作，那又是因人而異，每個家庭的狀況都不盡相同。

我感覺自己就像社會學家說的，在大都市裡，看似擁有很多資源，實際上卻是孤立地、衛星式的在育兒；遇到孩子的教養或健康問題時就上網查詢，搜尋各種專家言論，看似可以突破時間與空間隔閡的網路人際關係，其實多半都很淺薄，難以填補缺乏面對面互動的心靈空缺。

現在的媽媽不能像以前的媽媽那樣，理所當然地就把孩子往祖父母家一送，或者暫時寄放左鄰右舍家，也不能把年幼的孩子放在家裡，或是小孩上小學之後，就給他一把鑰匙讓他做鑰匙兒童。然而，這些都是我們成長過程中，很理所當然的經驗。

我為此感到矛盾，因為被親密的親子關係理論深深說服，我相信自己把大半時間都投入在照顧小孩、陪伴小孩上是對的。但是，也覺得在跟孩子綁在一起的生活中，看不見自己的未來。

到了中年之後，開始懂得放寬心了

現在想起來，也不過就幾年前，還在煩惱這樣的事情，然而現在的我，煩惱的事情又不一樣了。現在煩惱的東西非常實際，雖然不能說過去的煩惱就脫離現實，其實失去自我這件事情，也是非常務實的煩惱。但就是和當時相比，**現在的煩惱，比較像是我終於知道怎麼把握、保有我認為的自我了，只是不知道怎麼從忙碌的生**

活擠出時間和心力。有點像是，過去連方法都不知道，現在知道方法，卻煩惱找不到時間實踐而已。

雖然很多人說年紀只是一個數字，就像結婚證書也「只是一張紙」，但實際上走過一趟才會知道，那些看似沒有意義的東西，其實還是有其威力的。至少現在的我就覺得跟前幾年相比，煩惱的事情會完全不同，跟年紀，不能說完全沒有關係。

前幾年的我才剛過三十，在心態上，覺得自己跟二十幾歲的人比較接近，還在開疆闢土，不切實際的幻想很多，對自己的未來期望也還很高。還記得回大學校園拜訪老師，一直很肯定我的教授，還特地拿了教育部公費留考的資料給我，鼓勵我把孩子留在台灣，趁年輕出國念書。

「妳知道妳可以啊！」覺得我沒有留在學界很可惜的教授，對我說了好幾次。我一方面覺得備受肯定而感動，但更多的是慚愧，覺得自己彷彿辜負了老師的期望，也覺得自己不可能放下還年幼的孩子，錯過他們的成長而自己出國。

在老師的那個年代，研究生和家人分隔兩地，自己在國外念碩博士十分常見，但那也是男性遠多於女性會做的選擇。我是一個媽媽，雖然不想因為性別而自我設限，但也覺得在孩子身邊陪伴他們長大，是非常重要的事情。

由此可見，不管是我看待自己，或是別人看待我，三十出頭都還很年輕，即使是一些看起來過於大膽的事情，也還是會有人鼓勵我去嘗試，自己也會想，或許不是完全不可能。但現在，也不過是過了幾年，已經接近四十，不管是別人看待我，還是我看待自己，心態上，都已經是更接近四十幾歲的人了。

自己都覺得五十幾歲其實也沒有那麼遙遠，因為帶孩子太忙，每天就跟陀螺一樣團團轉，**三十歲以後的十年就像一場夢，想像起**

來，五十幾歲可能也是眨一下眼就到了吧！

曾經讓我覺得害怕的事情，年近四十還是「一事無成」，好像某個角度來說也是現況了。但不曉得是年紀漸長，對自己終於產生一些寬容，還是因為這些年，雖然無法追逐什麼遠大的夢想，畢竟也不是真的什麼都沒有做，所以那種「一事無成」的慚愧和恐慌，也比想像中淡了許多。也覺得終於有勇氣回學校去見老師，不像當時，因為受到老師的鼓勵，反而變成只要想到老師就覺得心虛慚愧，一直不敢和老師聯絡。現在的我終於能覺得，比起實現期待、成為讓老師引以為傲的學生，或許，彼此關心的人能再見面聊聊近況，就是很不錯的重逢了吧！

在我寫下這段文字的當下，世界正經歷了前所未有的疫情肆虐，原本熟悉的一切發生了天翻地覆的改變，突然覺得人生無常，不想再被期望所囿，就想單純地，好好珍惜師生的緣分。

「努力」本身就很值得尊敬

以前覺得一定要兼顧事業和家庭才是最好，現在覺得，其實人生有一個部分「不那麼好」也沒有關係。人不是超人，總有些事情做不到，但是「做不到」其實也沒有那麼糟。

覺得自己雖然不是年輕時幻想的樣子，也沒有成為多麼令人憧憬的大人，但是面對一直以來跌跌撞撞，一直很努力在克服眼前困難的自己，終於也能有一種欣賞和敬意了。**努力是非常值得尊敬的事情，即使是懷抱著不安和恐懼，也搞不清楚該往哪個方向奮鬥的努力；年輕時覺得雖敗猶榮只是安慰輸家的一句話，現在才覺得其實也不無道理。**

在同一條跑道上，用同一套標準去競爭的話，當然只有成功的人，會讓人感覺努力獲得回報。但是既然每個人都用自己的方式在努力，追求的也都是不一樣的東西，那麼「努力本身」就是很值得讚許的事了。

感覺自己終於脫離了年輕時，那種覺得如果不做到什麼就是很糟、不小心就差點把自己逼死的心態。或許，就表示我人到中年，終於懂得開始疼惜自己了。

學習愛自己真的是一個不容易的過程，從小到大，很多看似激勵人心的故事和說法，都在灌輸一種「現在的你還不夠好」、不值得被愛的暗示，讓人誤以為要愛自己，前提是自己需要先擁有很多的東西，使得我們經常對自己無法產生好感。

別讓狹隘的成功定義，否定自己

現在的我，偶爾也會看著鏡中的自己，想著不知道為什麼年輕的時候從來不覺得自己好看，總是覺得外在的標準，大眼睛、白皮膚，瓜子臉什麼的才配稱得上美女；甚至有些喜歡的衣服，還會對自己說那是很漂亮的、或者身材很好的人才能穿的。因此，從來沒有去嘗試穿自己覺得很好看的衣服，總之從內到外，都有很多「不能喜歡自己」的理由。

當朋友說妳這樣很好了啊，我還會覺得那是一種安慰，實際上我有很多缺點和必須要去改善的地方。

現在才懂得，真正的愛，就是不應該有那麼多的條件。因為條件而愛一個人就不是真愛；覺得自己一定要每個方面都很好，才值得被愛，那也就不是真正地在愛自己了。愛自己就是對自己溫柔，連同自己不夠好的，就是個普通人因此而力有未逮的部分，也很自然地予以接受。

認同自己的努力，而不是要求自己一定要做出什麼樣的成果，把從小從父母那邊學到的暗示——「人必須不斷進步」——有意識地放下，提醒自己「累了就休息，不那麼拚也無妨」。

愛就是一份祝福，接受，以及包容。我覺得自己好晚才意識到，原來這才是愛自己。過去我以為的愛，覺得人對於自己，應該要時刻鞭策自己再更努力一點的那種心態，其實說穿了，只是對自己的挑剔。

雖然很晚，但也還好不算太遲。當我開始學習欣賞自己、包容自己的不足的時候，我終於覺得自己是被愛著的。

別害怕，人都是在迷惘中找到新方向

年輕的時候，到底為什麼對自己那麼嚴苛呢？現在回想就是因為還年輕，很在意他人眼光的關係。

總是在追逐社會立下的標準，從外表、到個人職業生涯的選擇都是，就算覺得自己是有能力獨立思考的現代女性，實際上，社會對於一個女性應該要怎樣才算好的種種標準，或許比過去更深入、更潛移默化地影響著每個人。

到了中年才發現，年輕時的自己把心思放在怎麼樣成為一個別人眼中很棒的人這件事情上，而疏忽於了解自己，對外在做了很多探索，卻很少靜下來，好好地省視自己內心的想法。

太在乎別人，反而無法了解眞正的自己

我在年輕的時候，很在意所謂的重要他人，就是那些不管有沒有見到面、有沒有生活在一起，都會時常浮現在腦海，讓人不由自主去想：「如果他在場，會希望我怎麼做呢？」的家人，所以在不知不覺中，時常會混淆我對自己，還有別人對我的期望。

講白一點就是那個年紀還很在意父母，尤其我是那種從小會讀書，所以父母對我期望很高的孩子。到現在我都還記得考上北一女時父母高興的神情，以及三年後的大學聯考，我沒有考上台大而是政大時，家裡那種既然只是第二志願，就沒什麼值得慶祝的氣氛。

好像從第一名跌落下來就沒那麼好了，爸媽那種「喔……還不

錯啊。」的回應，雖然說不上多嚴苛，卻也讓從小聽慣了「很棒」的我感到失落。但是也鬆一口氣，因為我很矛盾，從考上北一女之後，也有一種感覺，人生好像不應該是對「很棒」的一種追逐。

如果考上北一女，然後又是台大，下一步好像就應該要努力考取公費留考然後出國。但是我知道自己沒有那麼明確的目標，跟那些很小就知道自己想做什麼，所以一直努力用功的同學不一樣，我只是想讓父母滿意的心態，是支撐不了留學生那樣的漫漫長路。

但我也不知道自己要做什麼。那可能就是升學主義的弊病，像我這樣很小就掌握到念書考試的技巧的人，一路只知道埋頭念書考試，就算後來選擇考研究所留在學界，那也只是因為我覺得這是我擅長的事，換個角度來看，就是不想也不敢脫離舒適圈。如果出去工作，面對的不再是考試交報告這種競爭標準時，我擔心自己會做不好。

和真的對這門學科很有興趣，或者對未來想要成為教授，留在學界進一步研究的同學相比，我覺得自己一直搞不清楚自己究竟想要成為什麼。只是想在不要太糟，希望能讓父母高興，自己也覺得還能做到的事情當中做選擇。

覺得自己的心態很不成熟，但把大半時間都花在念書上的我，也不知道還能用什麼方式去努力。我在研究所階段的成績也不錯，但只是想到這真的是我想做的事情嗎？其實也有那麼一點茫然。

三十出頭時，我回想這段時光，竟是覺得自卑比較多。我總是跟別人說我只知道念書，其他什麼都不太會，但念書又沒有堅持下去，沒有像同學那樣努力到後來成為了教授，我覺得自己做什麼都只是半瓶水。

直到現在年近四十才覺得，其實有那樣的迷茫，也沒有那麼需要自卑，我看別人都好像很清楚知道自己人生的目標，但別人看我，好像也有非常類似的誤解。

了解自己之後，才有辦法理解他人的難處

人在年輕的時候，很難看見別人背負的壓力，總是覺得好像只有自己的人生這麼難、這麼複雜，只有自己不知道自己想要什麼。其實那都是已經先貶低了自己，才覺得看別人好像都很成功。

誰的青春不迷茫呢？一直在那樣的迷惘中做出嘗試，想著這或許是自己能做的事而努力往下走，能這樣就很好了。

現在的我再去想當年的自己，還真想摸摸那個傻孩子的頭說：「妳已經很努力了。」有種想好好肯定一下自己的那種感覺。

希望自己能滿足父母的期望，達到這個目標之後才能真正過得輕鬆，開始做自己想做的事……，當年因為有這樣的想法反而不夠

努力了解自己，表面上看起來很自由，內心深處還是一直在想，怎麼在父母的期待和自己的願望之間取得平衡。是到了現在，讓父母失望了這麼多年，才突然意識到那種想法並不成熟，或者說，是少了做選擇時該有的覺悟：人活著，就不可能讓每個人都滿意。

人只能在自己和他人之間做選擇，而更符合現實的可能是，即使選擇了別人要求你做的，你也不可能完全地做到讓對方滿意，所以到後來能選擇的，只有「要不要按照自己心意去做」而已。放下自己，對方也不見得會開心，應該說就算開心也是一時的，因為人的欲望總是沒有終點。也就是說，**一旦你把別人對你的期望，當成自己的目標，就會發現期望只會越來越高，就像金氏世界紀錄一樣，只能不斷打破已經創下的紀錄，沒有「完成」可言**。

就像考上最好的高中之後，要讓父母高興的話，就只有好的大學；考上好的大學的話，要再讓他們高興，就只有好的研究所，再更進一步，可能就是拿到名校的學歷跟專業的資格，最後是事業有成，賺很多的錢……，然而這一切只有越來越難，而且總是會有某方面略顯不足。就像我有的朋友雖然事業有成，卻還是會被父母抱怨沒有成家、沒給父母抱孫讓父母失望了。

努力去讓別人滿意，那樣的滿意卻好像只是一時，因為那些期待，不是提出期待的人自己去達成的。對他們來說，不是自己拼命去追求的東西，沒有承受過付出的辛勞，當然就不會為目標設下停損。

把期望寄託在別人身上的人，總是希望對方能更努力去嘗試、輕易地批評對方「還不夠努力」的人，是因為不需要自己做出什麼改變或犧牲，才會如此索求無度。嘗過被別人滿足的甜頭，欲望反而更難被滿足。

覺得「還可以」時，就把標準再降低一點

愛自己，就是要對自己好。但是要百分之百只對自己好，我覺得那是不可能的。那麼，到底該怎麼求取平衡？我在和朋友聊天，討論到某些雖然不喜歡，但考慮到身邊人的立場，似乎也是非做不可的事情時想到：如果我們覺得自己的承受能力到百分之八十，那麼在現實中，真的要去執行的時候，應該要再調低一點，調到百分之六十就好，可能這才是實際的數字。

不知道是不是因為步入中年，上有老下有小，身上的責任變重，很多事情都覺得不做不行、非扛起來不可，所以就在不知不覺

中，我們總是給自己訂下非常嚴苛的標準。總是自我要求要做得更好，想像如果自己更能忍耐，或者更努力，其他家人，伴侶和孩子，就能少一點負擔。比方說面對合不來的親戚，不管是夫家或娘家，雖然不想見面但還是會想，為了不讓其他家人為難，自己還是忍耐一下。可能原本一周見一次面，但是當對方要求，就覺得自己應該要同意對方提出的，一周見兩次、或者三次。

類似像這樣，覺得自己「好像還可以再忍耐一點」的時候，我覺得，就要把自己的標準再降低一點。**因為自認為可以承受的，其實多半都已經超過可以負荷的範圍了**。

當我們答應某件事情，對別人說：「好吧，我想我可以」的時候，實際上很多時候不是真的可以，只是我們「希望自己可以」而已。由於我們希望自己能做到很多，忽略了自己其實已經很累了。對於自己可以承受的壓力、可以忍耐的事情，都有不自覺高估的傾向。

可能是因為人到中年，不管已婚還是未婚，身分都從被照顧的孩子，轉換成為照顧者的角色，因而會在各方面都考慮到身邊人的需求，希望自己能面面俱到，覺得自己有責任「顧全大局」，就習慣了勉強自己。但每一次的勉為其難，其實都是在心裡累積壓力，不只是事後想起來，會覺得其實自己當時不開心，對於當時身邊的人沒有發現自己正在忍耐，也會在心中留下疙瘩。久而久之，這種習慣了勉強自己的生活，也會對身體造成影響。

成年之後我時常胃痛，大概每隔半年一年，還會有一次劇烈的發作，會痛到冒冷汗，整個晚上在床上打滾。醫生說是慢性的胃炎，平時不知不覺，可能我已經習慣了餐後偶爾的腸胃不適，受到藥物或者不新鮮的食物刺激的時候，就徹底大爆發了。

心理和身體是連動的，覺得自己可以再忍耐一下，還可以勉強自己，是大腦理智思考的結果，但是，這樣的結論卻忽略了人還有

感性和身體。理智上覺得應該要做到、也可以做到的程度，在感性上，其實已經超出可以承擔的範圍。

做個普通人也很好

有一陣子，我只要見到不想見面卻又不得不見的人，回家後就會胃痛。原先以為是吃壞了東西，後來反覆推敲才發現原因出在，我在某部分又勉強了我自己。我以為是腸胃的問題，其實是心理上給自己過多的壓力。

當然，人要過上「完全不勉強自己」的生活，也是不可能的。不管是工作、家庭，有時候就是必須要做自己不想做的事、和合不來的人相處。但是**我們能做的，是在每一個可以選擇的情況下，都把自己能承擔的程度調低一點，不要要求自己做到「最好」**。

要知道，自己認為可以接受的範圍，往往都太過理想化，對心和身體來說都已經超標，長久下來，會對關係和健康都造成警訊。為此，要有意識地提醒自己，當自以為可以接受的生活是這樣的時候，就要把標準放寬，不要要求自己做一個那麼好的人，做一個普通人就好了，允許自己心有餘而力不足，給自己多一點餘裕。

人到中年，生活中充滿壓力，別人也無暇像照顧孩子那樣照顧你，如果你還不對自己好，誰會對你好呢？

況且，也只有你不過度勉強自己，別人才能知道你真正的底線，不會一味地把自己人生的責任推卸過來，要求你去為他們的快樂和滿足負責，無視你正在勉強自己的事實。

人生目標不用遠大，健康開心最重要

因為疫情關係，整整有三個月的時間和小孩一起待在家裡；中午陪他們吃完午餐，擦好餐桌和地板，放他們去看半小時卡通之後，就會猶豫一下，自己這段時間該做什麼。也不過三十分鐘的空檔，但就因為空白的時間太難得，想休息又捨不得，就常常會忍不住開始追劇、看書、寫作。總之，是把其實短暫可以拿來休息的時間用掉，然後三十分鐘過去，再拖著疲累的身體回來顧小孩。

是到最近才覺得這樣真的不行，要有一點中年人的覺悟，體力和健康都不是年輕時那樣理所當然的事情，該休息時不休息，後來的結果總是加倍的疲勞。

陪小孩的時候如果疲勞或身體不適，那絕對是一種折磨；只有真的體會過無後援，完全是自己一個人顧小孩的人才知道，拖著病體顧小孩是多麼辛苦的事情。然後也經歷了多次才會覺悟到，**沒有什麼事情，值得你拿健康去換。**

年輕時很嚮往那種燃燒自己的生活，可能也很容易就走到那一步，總是覺得再撐一下下、一下下就好了，睡眠時間就因此越拖越晚，工作卻不會因此減少，好像完成的事情越多，有待完成的事情就更多了。總是想著忙完這陣子再來好好休息，單身時或許還可以做到，但是結婚有小孩之後，生活就沒有「忙完」可言了。

人活著，永遠都沒有完成目標的時候，只有一直做不完的事情，一直在朝某個方向走著。

生活中很多基本的事情也需要時間，沒有辦法加快進度，比方說你再能幹也沒辦法提前煮好一個月的飯、一次擦好一個禮拜中每一餐都會被孩子重新弄髒的地板。人生就是永遠都會有事情等著被完成，而每一次看似提前完成了什麼，也只是讓下一件事情，提前出現在待辦清單上而已。

看似無所事事的階段，身體其實正在處理忙碌帶來的耗損

我是到現在才體會到，為了維持身心健康所需要的「空白」有多重要，一開始就要適當地放在生活裡；那些在家務和工作之間非常難得的空隙，不能再用其他事情把它填滿。

過去所謂的再撐一下下，其實就是再勉強自己一點，那種把自己逼得很緊就彷彿更靠近目標一步的想像，不只是對身體健康不

好，其實也是沒有意義的。**人生中重要的事情都需要時間，孩子的成長是如此，自己的生活也是如此。**一味覺得能用一樣的時間做更多的事情，生活更有效率就是「更好」的想法，本身就是一種把人當成機械的想像。

無論是照顧家庭還是工作，休息都是必要的。在我們無所事事只是休息的時間，身體其實在處理忙碌所造成的耗損，緊張的心情也需要放空自己才能獲得舒緩，乍看之下沒在做什麼的日子，其實是在維護身體健康這個基礎建設。

中年，也是身體時常發出警訊的時期了呀！好像年輕時對自己身體的折磨，那些為了加快進度、提升效率，覺得熬夜幾天沒有關係、三餐隨便亂吃也沒有關係的時刻所欠下的債，現在都一一地朝自己討了回來。只要熬夜或晚睡一天，隔天整個人都會昏昏沉沉、面對小孩沒有耐心、完全不想跟伴侶說話、工作時頻出差錯……，總之，會讓熬夜兩小時多做的那一點事情，變得完全不值得。

我最近還被中醫提醒不能吃冰，但從我開始看中醫之後的這幾個月，就已經完全沒吃了，卻還是有一堆毛病，忍不住說：「我現在沒在吃了啊。」得到的答案卻是「因為妳過去吃太多了」。

年輕時對待自己身體的隨意，或者說一種消耗，現在都在還債了。而過去竟然以為那樣的燃燒自己是值得的，放縱自己也是可行的，可能就是因為年輕，還沒有真正體會到，預支健康會付出的代價吧！

追求夢想的路上，慢慢走就好

人到中年才會覺得健康是最重要的，因為身上的責任很重。父母正在年老，孩子正在長大，只要想到如果在這個階段自己的身體怎麼了，就會覺得惶惶不安。但是，雖然身體健康的重要是老生常談，還是有很多人依然選擇用燃燒生命的方式生活。

因為什麼都想要再撐一下、再更拚一點，在我們這個鼓勵競爭、追求卓越的社會裡，拚命已經被當成是一種美德了。

有個口號一直讓我覺得有點奇怪，叫做努力成為「更好的自己」，好像現在的自己是不夠好的，鼓勵人們今天再更努力一點、更拚一點，簡單來說就是更辛苦一點，讓明天的自己比今天「更好」。但是這種追求，到底什麼時候會有盡頭呢？

所謂的更好，有一種一切都很完美的想像。這種想像也鼓勵人們一天只睡三、四個小時，才能比別人更有成就、完成更多事情。

不是只有那種鼓勵年輕人不要貪圖安逸，而是要趁年輕時好好奮鬥的文章會這樣強調，對於中年人，其實也有這樣的說法。就連那種針對讀者是媽媽的文章，都可以看見很多「自己帶好幾個小孩，還可以同時創業」的勵志故事。

故事中的媽媽不只是擁有自己的事業、完美的家庭、甚至還有不輸給過去的身材和外貌。乍看之下，好像是在鼓勵成為母親的女性們，只要妳努力、只要妳奮鬥、只要妳聰明工作（work smart）而且永遠「不放棄自己」，妳就可以什麼都不用失去，甚至可以得到更多，即使妳已經是一個很忙碌的母親了。

但是仔細看那些分享，我總是會覺得，這真的是什麼都沒有失去嗎？每天只睡三、四小時，不是首先就犧牲了健康嗎？就算現在看起來完全沒有影響，甚至依然年輕美麗，但是年輕時對身體的消耗，終有一天是要還的。

小孩睡了之後自己不睡，用應該要好好睡覺或好好吃飯的時間拚事業、拚美貌，讓我覺得這些「有小孩，一樣可以什麼都不用放棄」的勵志故事，真的不知道該說是勵志還是增加女性的壓力。

沒有什麼成功是不需要付出代價的，但是為了成功而犧牲健康，卻被認為是理所當然。我想只有真的失去過健康的人，才知道那不是值得的付出。

因此，在鼓勵中年人也要努力追求夢想的時候，我覺得不應該忽略的是，在追求夢想的路上，應該要「慢慢地走著」。

越快完成，不表示越成功

年輕時可能會想像，所謂成功就是比別人完成更多的事情、接下更多的挑戰，比較的對象既然是別人，那效率當然很重要。也就是說，能用一樣的時間完成更多的事情，感覺更接近成功。

但是人近中年就會體會到，不要說成功了，有時只是想把事情做好，都需要天時地利人和，個人的努力只是條件之一，不是全部。而且，個人的努力能不能達到這件事情所需要的程度，也不是用時間的快慢來決定的。

很快地完成屬於自己的部分，也不表示事情就做的更好，更不表示會更快成功。有些等待是必要的，也有些事情，必須要邊做邊修正方向。只求快速有效率，像一輛賽車那樣疾速奔馳，但如果方向錯了，提前用完了所需的燃料也沒用。

在過去，我總是覺得什麼都越快越好，一件事情能越快完成，就好像證明了自己成功了，很令人心安。但是到了中年階段，我發現除了考試唸書以外，**人生中重要的事情，都是越想趕快完成，越不會真正被完成的**。就算是一度覺得完成某事就是實現了夢想，也會發現這不過是一張入場券，真正重要的是把夢想變成能一直持續下去的事情。所以速度，比不上方向，還有時機來得重要。

此外，更重要的是，如果在過程中就因為追求效率、渴望樣樣兼顧而失去了健康，那麼即使是完成了什麼，那彷彿實現夢想的喜悅，也會在轉瞬間溜走。

在中年以後，朝著自己的夢想時，必須以能兼顧身體健康的步調，慢慢地走在追求的路上。不要去想離目標還有多遠，路程還有多久，要知道那不全是自己可以決定的事。所以重要的是心無旁騖，單純地「朝著某個方向持續努力」。累了，就停下來休息，甚至是還不覺得累，就要提前想到「這樣下去身體可能會受不了」而放緩腳步。例如：不管是每天中午的午休半小時，或每天該上床睡覺的時間，又或者是長期的，每完成一點就該停下來，放空一陣子，給自己一點娛樂或休息的那種時間安排。總之，只有同時照顧好自己的身體，才能讓追求夢想，真正成為一種可以持續的生活方式。

為了追求理想，把休息和放空的時間都拿來奮鬥，那是我們這個時代非常流行的，超人的故事。

但是就算真的有超人，我想數量也不會很多吧！事實上，有很大的機率自己只是一個平凡人，絕對受不了長期的睡眠不足與過勞，那還是以一個平凡人的方式，在為夢想付出的同時努力照顧好自己，盡可能地過上能顧好健康的生活就好了。

「活出自己」從不是為了給別人看的

中年，就是開始懂得平凡的好處；這只是我個人的想法。我在步入中年之後，開始認為平凡是福，能夠平凡地、無風無浪地過日子，其實是非常難得的事。

當然，應該也有人是無論到了幾歲，都認為人生的價值在追求卓越。所以，這並不是對錯的問題，只是不同的人有不同的想法，不同的價值觀而已。

現在的我非常喜歡覺得自己很平凡、很普通，認同自己是一個普通人的時候。可能普通不是重點，而是**即使普通，也能夠認同自**

己；是這樣的心情讓我覺得平凡沒有什麼不好，過去不喜歡平凡，可能是這個社會太強調成功了。

人生不該是跟別人比來比去。在每個看似比過別人的時候暫時地舒緩，然後很快地，又因為被別人比下去而感到焦慮。

日本導演北野武曾經寫道，他反對現在總是鼓吹人們「要有夢想」的風氣，比方說小孩子明明很平庸，父母卻一直灌輸他「你很特別」、「人要有夢想」、「要立大志」這樣的想法，最後會變得不能接受自己。

世界上的天才哪有那麼多呢？安安分分地，過著普通的生活有什麼不好嗎？做個普通人是應該要令人不屑的嗎？我想他提出的是這樣的問題。

雖然關於夢想的部分，我不是很贊同他的說法，可能我覺得夢想很小也是夢想，他說的那種不應該灌輸每個人都要有的夢想，應該是很大的、真的把自己當成很特別的人的夢吧！但是關於他說的，平庸就平庸，又怎麼樣呢？為什麼要看不起平庸呢？我是有點贊同的。

「證明自己」的想法，只會徒增痛苦

很多個人的痛苦，以及社會上競爭的氛圍，都來自於沒有辦法肯定平庸的價值。

人們總是崇拜少數人的成功，把每個人做出排名，底下的人都是分母。但是整個社會的運作，其實是多數這些不去跟別人競爭，或者已經被歸類於落敗者的「普通人」在支持的。

我在為自己的人生感到非常焦慮的時候，曾經反省過自己是否懷抱著「不甘平凡」的心態，因為其實沒有任何人在為我打分數，但我內心卻一直有著「這樣是不行的」、「得再更努力一點」，好像自己在跑道上，跟一個看不見的團體在競爭，是那樣的想法和壓力讓我沒有辦法放鬆心情。在孩子出生的最初幾年，明明新手人母的工作已經夠繁重了，每天睡的時間已經很少，想吃頓飯都會被嬰兒的哭聲打斷，但是最折磨我的，或許不只是正常的生活都被剝奪，而是內心深處，一直懷疑「我會不會從此就是這樣，就只是一個普通媽媽呢？」

過去，因為很會念書，在職場上也很努力，覺得自己「大有可為」的那種想法，不管是不是真實，當時，都成了我沒有辦法欣賞自己、喜歡自己的理由。

先生曾經拿李國修導演的名言來安慰我，那是導演的父親從小對他說的話：「**人一輩子，做好一件事情就功德圓滿了。**」但是當時的我，卻害怕自己這輩子只能做一件事情，就是孩子的媽媽。

明明照顧一個孩子已經是那麼困難，那些曾經體會過孩子年幼時的脆弱、青春期的叛逆，甚至到他長大成人，還會有那麼多放心不下的事情的母親們，一定能認同這句話：其實要當好一個媽媽，真的已經很不容易了。

但我的內心，卻一直有種「不能僅止於此」的想法，那樣的想法讓我一直否定自己的現狀，也讓我感到焦慮。然而，是因為時間嗎？在這段時間我累積了更多身為母親的經驗，和其他的母親朋友互相打氣，也用零碎的時間寫作，沉澱雜亂的心情……。總之，雖然我說不出是哪一件具體的事情讓我逐漸改變想法，現在的我終於能夠覺得，當一個平凡的媽媽就很好了。

可能是因為當一個平凡的媽媽其實已經很累，為孩子操心的同時，還要把自己顧好，不讓自己成為孩子的負擔，做一個成熟的大人……，這些其實都很辛苦，要突破很多自己對自己設下的限制，也要放下很多過去的執著。

而來到中年之際的我，終於能跟年輕的時候，一直覺得人好像不應該追求平凡的想法，保持一個客觀的距離。我開始注意到，那種每個人都不該甘於平凡、活著就是要不斷挑戰自己、證明自己的「價值」的想法，其實也是這個社會的偏頗。

崇拜成功和特別的人，覺得一定要成為那樣的人才能快樂，反而讓我們看不見在現實生活中，社會其實是由多數平凡的人在支撐和運作的，進而無法肯定平凡的自己。

每個人的價值，其實都是不證自明

不管是做好一個媽媽或普通的上班族，其實每個人都是特別的存在。因為**每個人都獨一無二，對身邊的人來說，有著無法取代的**

特殊性。

用把別人比下去的方式來證明自己的重要，暗示平凡的人不值得被愛，是這個個人主義的社會，把每個人放上賽場的方式。而年輕的時候，很容易就全盤接受社會的想法，因為對自己的存在還很迷惘，容易因為他人的評價而感到自卑，所以社會上流行的說法，像是「不能做一個普通人」、「普通，就等於怠惰或放棄自己」、「必須要努力很努力去成就不凡」，就變成強烈的暗示。

但是到了一個階段，人就應該要有自己的判斷。如果是為了追求不凡，而努力跑在和別人一樣的道路上，只是想跑得比別人快，到底算什麼特別呢？活出自己的人生，不是為了給別人看的。

這世界上每個人為了活出自己而做的努力，成就背後的辛酸，好的或壞的都是冷暖自知。就像那些在臉書、IG上的照片，無論是成功的事業還是美好的家庭，那些都像是櫥窗裡的商品陳列，要

「呈現」出美好並不難，難的是要去承擔在美好一面的背後，只有自己才知道的真實。

真實的自己快樂嗎？覺得這樣的奮鬥值得嗎？和身邊的人的關係，有真實的溫暖嗎？雖然不是全部，但一定也有些人，默默在品嘗成功背後的辛苦和孤獨。

沒有人能複製別人的人生，時間有限，我們也不應該追求成為某種成功人士的複製。所以，活出自己就很好了，認真地看待自己的想法，誠實面對自己的內心，珍惜自己看似普通，其實絕對很特別的每一部分。唯有如此才能讓活著僅有一次的人生，有著只屬於自己的踏實。

放下他人評價，才能發現最重要的是什麼

現在的我和前幾年有些不同，雖然乍看之下，是在做一樣的事，就是一個全職媽媽，然後把有限的自由時間，都拿來寫作。但我不諱言在過去，推動我一直寫的，除了自己喜歡以外，還有一部分，是希望自己在別人眼中，「不只是一個媽媽」的那種焦慮感。

當時我回學校，曾經跟老師訴說過這樣的心情，說我不知道怎麼辦。孩子難帶，沒有家人的後援，我除了當媽媽以外好像什麼事情都得放棄了。而當時老師跟我說，他不知道這樣說能否安撫我的心情，但是他有許多優秀的女性朋友，後來也選擇暫退職場，全心

全意當一個媽媽，讓他有種「殊途同歸」的感覺。

「殊途同歸」這幾個字，站在不同的立場，可能會有不同的感受。如果覺得女性全心投入母職，就是一種受困，好像重蹈了傳統社會中，女性就是要負責最多的家務和照顧責任的覆轍，或許就會覺得「殊途同歸」這樣的現象讓人感到失望。好像是在說，無論女性爬得再高、飛得再遠，母親和孩子之間的羈絆，終究還是會把她「綁」回家庭裡去。

但是換一個角度來解讀，當我們說許多女性，最終還是選擇自己帶孩子，這好像也表示了，一個拿不出名片、沒有頭銜和亮麗外表的母親這個角色，絕對不像表面看起來那麼平凡，那麼沒有價值。否則不會有那麼多人，願意用自己的職業生涯中斷，甚至可能回不去的代價來交換，做一個全心全意的母親。或許，**能兼顧事業和家庭，降低自己無法重返職場的風險，是很棒的一件事情，但是**

全心投入母職，其實也很幸福。

母親的生活是別人看不見的，所以，在我們這個追求外在成就的社會，這項選擇變成一種需要內省的修行。同時，母親這個角色多半是孤獨的，無論是職業婦女或全職母親，如果不自己肯定自己，只會覺得自己越來越卑微，被化約成一個名為照顧者的工具。

但是也會因此體會到，人生中非常重要的事情，往往是無關於別人評價的。為一個比自己弱小的生命努力負責，為了他，要放下自己曾經認為絕對無法放下的事，其實也是件不凡之事。

這個過程和我們一直以來受到的教育——自己是最重要的，可以說背道而馳，卻也因此讓人能夠重新思考，自己做為一個個人，在與其他人的關係當中，除了滿足自我以外，還能有什麼更重要的意義：就是為他人付出。

無條件的認同、接納，還有愛，才是最值得追求的事物

在從職場上退出，把主要的心力都放在照顧家人的時候，我有一種出於被迫，卻又彷彿受到引領的感覺。從追求外在，走向內在的探索，重新發展自己的自我認同，感覺像是又轉大人了一次。

在內心有所矛盾，覺得自己很渴望外界的肯定時，我時常想到艾倫·狄波頓在《我愛身分地位》這本書的開頭，曾經有過這樣的描寫：

「當我們還是一個只會哇哇啼哭的嬰兒，只是坐在那裡，咿咿呀呀地吃著手指都能被愛、被擁入懷中、被無條件的接納和喜歡。」說完這段，他才開始探討，人們為何對追求身分地位，換言之，外在可見的成功，是如此地狂熱。

我覺得這是在暗示，**人們對於成功的追求，跟人性中最基礎的願望：被愛，其實兩者息息相關**。因為在長大之後，各種社會的期望都加了上來，讓我們彷彿一次次被愛捨棄。

父母不再僅僅是因為我們人在那裡，就會對我們露出幸福笑容，家人、朋友、伴侶，比這更廣大的人群團體，對我們都有了更多要求，讓人感覺如果達不到某些條件，就可能會有不被接納的風險。要讓自己的存在受人喜愛，好像要擁有別的東西才行，那個彷彿能代表自己，卻又不是自己，因此要努力去爭取的「別的東西」，就是身分地位。

人們是因為想要自己的存在受人喜愛，在愛裡才能感到安心，所以才追求身分地位的。這也是為什麼從追求的賽道上退下來，會讓人感到不安的原因。就像我，在一直覺得自己只是一個沒有身分地位的全職媽媽的時候，一直懷疑自己的「價值」。這種價值，有可能是能在職場上被看見、可以換算成薪資的價值，也可能是看不見、受人肯定和喜愛的抽象的存在價值。

愛的本質，也存在安心、問心無愧

對身分地位的追求並不是壞事，但是迷失在當中的時候，就有點本末倒置了。因為人們其實並不能滿足於，因為身分地位而被愛。應該這麼說，一旦發現了周遭的人看見你的，只是你的身分地位、薪資頭銜，而不是你這個人，作為剝去了那一切外在事物的存在時，其實還是會感覺到失落和痛苦。

愛才是最基本的，想獲得愛而努力爭取的一切，不是愛的本身，只是追求愛的手段。而最終，人還是要在有愛的關係中才能感到安心，才能體會到自己的存在被無條件的肯定。

我的一種領悟是，**在我不甘於平凡、為自己全職媽媽的角色深感焦慮的時候，我其實沒有看見，孩子、伴侶、家人和朋友，其實給予我的就是那樣的東西，一種無條件的接受，還有認同。而那就是愛的本質。**

只有我自己覺得自己「只是一個媽媽」是不行的，而他們其實沒有人覺得我「只不過是」一個媽媽，他們看見而且需要的這個我獨一無二，具有別人無法輕易取代的特殊性。想通了之後，我看起來還是在做一樣的事，就是全職媽媽加上寫作。但是，寫作已經不再是我去爭取自己「不只是媽媽」的手段，而是比那更單純的，就是出於喜愛，覺得能讓我活得像自己而去做的事。

看起來是一樣的，心境卻大不相同，我想那就是因為，我終於看見自己存在的價值。

煩惱依舊在，就想著「這樣就很幸福了」吧！

說到自己印象深刻，覺得受到幫助的書，就想到日本作家小川糸寫的《這樣就很幸福了》。

三年前我即將生產，為了接下來的住院、做月子做準備時帶了這本書。當時的我因為是剖腹產，在醫院住了五天，然後住進月子中心，而這段期間和家人的溝通出了一些狀況，又接到醫院通知，妹妹的新生兒健康檢查，有一項指數異常需要複檢。

傷口痛、餵奶和脹奶也痛，和家人有誤會，心裡又掛念著孩子，身心壓力下，我每天都以淚洗面。但還是要顧及已經上幼稚園的老大的心情，他一放學來月子中心找我，我就努力收起鬱悶，假裝自己很平靜的樣子。

總之，剛生完妹妹的那段時間過得非常辛苦，我沒有什麼讓自己振作起來的方法，只是有空就看小川糸的這本書。

她在書裡分享她喜歡用的器具，以及她選擇的生活方式。內容很單純，沒什麼嚴肅的大道理，也不是強烈地在鼓吹某種幸福觀什麼的，但是我非常喜歡被拿來作為書名的，也是書裡的最後一句話：「這樣就很幸福了」。

這句話像一句咒語，覺得很焦慮的時候，我一直拿來默念：「這樣就很幸福了」。

或許，在覺得自己很辛苦的時候，難免會一直想著自己的「不幸」吧！雖然理智上知道不要鑽牛角尖，不要往壞處想，但是，人並不是只有理性的動物，只要問題沒有辦法很快解決，就會感到憂

鬱。就像當時的我，很羨慕別人生產時被家人的溫暖包圍，想起自己在生產時發生的事就覺得心酸，同時又擔心著孩子的複檢，一直無法克制地去想，如果妹妹真的有先天性疾病怎麼辦。

但是「這樣就很幸福了」這句話，像一句咒語，讓人不由自主地想要默念，在每個默念的當下，感覺內心深處產生一股力量，一種想要相信「會沒事的」的信念，是那樣的感受拯救了我也說不定。

雖然家人沒辦法陪著我，但是生產住院的那幾天，我還有先生和朋友的陪伴，朋友甚至陪我過夜。在我剖腹產的傷口很痛，舉步維艱地下床上廁所時，都是朋友陪著我，甚至扶我坐上馬桶的。

在這樣艱困的時候擁有這樣的友情，以及在做月子時依然黏著我，表示他最喜歡媽媽的老大，是這些讓我有辦法做到不去想那些不順利的事情。如果真的沒辦法，不由自主想起時就讓自己哭一下，然後又對自己說，雖然有害怕擔心的事情，也有傷心難過的時候，但是我還是擁有這些，「這樣就很幸福了」。

總有一天，眼前的痛苦會成爲過往

在困難的時候被一本書或一句話拯救，我想那就是文字的力量。

人有時很難找到能理解和傾聽自己的對象，畢竟每個人都有自己當下的煩惱，也不是什麼事情都適合對別人說。但是看書就不同了，在書裡，永遠都會有可以對話的人。

而我的對話對象，往往不是針對當下的事情給我建議，而是單純地分享他們的生活、人生觀，幫助我把焦點從眼前的困難轉移開來，去思考別的、更開闊的世界。讓自己從眼前的困境、當下的痛苦中分心，去想像另一個自己。

在很辛苦很挫折的時候，鑽牛角尖地想著一定要解決眼前的問題，除此之外別無他法，這種「非如此不可」的想像，只會把自己逼死。還不如分心去想像，以後問題一定會解決，有種船到橋頭自然直的感覺。

我喜歡看年紀比我大的人所寫的散文，可能也是因為如此。看他們雲淡風輕，或者感慨萬千地講著過去的事情，就會想不管怎樣，總有一天，眼前的痛苦對自己來說，也會變成「過去的事情」，只有這件事情是絕對不會錯的。

現在翻這本書的時候，還會想起在月子中心哭泣的夜晚。想到當時，如果我一心想著「不能這樣下去」、「我一定要解決這件事」、「我一定要改善家人之間的關係」、「一定要取得重要他人的諒解」之類的事情的話，現在的我，一定背負著更沉重的傷吧！因為有太多的事情需要時間，也不是我一個人就可以解決的。所以對於這本書，對於寫下這本書的小川糸，還有書中的每一段文字，我都有種深深感謝的心情。**它陪我度過最辛苦的夜晚，讓我在困境中還能看見，原來世界上其實有很多種不同的生活方式，我不需要畫地自限，覺得某些事情非怎麼樣不可。**也可以幻想或許有一天，我也能過上她在書裡描述的，那樣平穩而安全的日子。

雖然人生就是一直會有新的煩惱，永遠不可能活得輕鬆無事，話雖如此，我們仍然能對未來懷抱憧憬，我想「這樣就很幸福了」。

後記

負傷前行的人生，原來並不孤獨

疫情嚴重的期間，人時常會感到不安，我靜下心來思索自己的感受，除了害怕生病，擔心孩子會失去母親之外，還有另外一種既像委屈又像憤怒的心情。害怕不是我唯一的情緒，當我害怕時，還夾雜一種「為什麼會這樣？」的懊惱。

不是針對大環境個人無法控制的事情，而是懊惱我好像是「一個人」在面對恐懼，但我不知道怎麼向他人求助，讓身邊的人傾聽我。脆弱時就躲起來，是我從童年就養成的習慣，因為害怕時如果表現出來，會擔心無法得到安慰，還可能受到更多的攻擊。所以我不能哭、不能脆弱、不能依賴別人，如果這麼做了會讓人失望，被人否定，那就是我如此害怕自己變得軟弱，總是希望自己能樂觀平靜的理由。

原來過去受的傷並沒有過去。我那麼害怕恐懼，是因為過去，當我感到害怕時，總是會因為「不夠堅強」而受到更多的否定。因為疫情，對當下的生活感到不安，卻也因此想起了很多以前的事情時，也意識到原來過去的傷要真正被治癒，是那麼困難，它已經成為我人生的一部分，形塑了我的某種性格。

到了一個年紀，我們總是會以為，自己過去受的傷已經好了，特別是當我們可以笑談過去，好像已經不覺得傷害沉重的時候。但是在遇到像生老病死的事情，感覺人生再次失去掌控時，過去的陰影就會浮現，不是類似的事情重複發生，就是又有不同的事情，喚起了和當時類似的感受。

我在察覺自己的脆弱時，內心會一直否定自己。明明知道要接受自己才是對的，但過去的經驗，還是會讓我懷疑是自己不好：自己不夠好，必須要更努力才行。我稱這種想法是一種「愛的冒牌者症候群」，讓我即使被孩子擁抱、被伴侶關懷，擁有真摯的友情，內心還是會懷疑，自己並不值得別人如此的善意。

心理學上的「冒牌者症候群」，是說明明很優秀的人一直覺得自己不夠好，即使受肯定了，也彷彿害怕受人揭穿的一種焦慮，而我的冒牌者症候群是關於愛，因為真實的自己不被接受，進而產生的不被愛的感受，讓我覺得自己是不值得愛的。理性上知道那樣的認知並不正確，但感性上卻避免不了傷害造成的影響。然而我相信，這種傷害不是我一人獨有，所以我決定把這些感受，寫出來。

彼此溫柔，誠實待己，就能與傷共存

因為我已經習慣了用寫作自我分析，所以**這本書可以說是自我療癒的紀錄，應該說，每一本書、每一篇文章，都代表著某種我當下的抒發或宣言，我和傷害對話，嘗試看清楚自己內心的模樣。**

雖然人在不同的時間點，對一件事情所做的理解永遠都是片面的，但我想，把一件事情盡可能地陳述完整、盡力去分析它的脈絡時，也是為自己開啟另一種療傷的可能。

我在尋找某一個角度來面對傷害，不是去抹煞它，也不是自欺欺人地說：所有的問題都已經解決。而是去接受這個有傷的自己，同時，也去理解別人心裡的傷。雖然探討的好像是社會現象，但我的出發點其實是很私我的，而且讀者總是可以看出，其中必然和我個人的經歷有所關聯。

我是一個很感性的人，但是喜歡用社會學式的、理性的思索來寄託這份感性，因為當我從社會結構的角度去理解個人的傷痛，那種「去個人化」的方式，總是讓我覺得，有種不責備任何特定的人的溫柔。

文字理性，也是出於感性的需求，因為我希望被人理解，所以在文字和邏輯的清晰度上，不斷地自我訓練。我在非常理性的社會學中得到安慰，因為強調研究群體的社會學，讓我感覺到個人和個人之間，存在著比自己以為的更多的連結。不被愛、被否定、被壓迫……，這些我們以為是自己獨有的傷，說出去無法被人理解的，其實很多都是共同的經驗。

我的文字能在網路上得到共鳴，甚至得到了出書的機會，讓我感到欣喜和安慰。這表示我並不孤獨，即使在面對自己的傷口，懷疑不會有人理解，只能把它寫下來的時候，網路上的一句「我懂」、「我也有類似的感覺」，總是會讓我意識到，自己並不是一個人。

這本書和我其他的作品一樣，是我和讀者的緣分，願意拿在手上，或者在網路上滑過，讓其中一段話在心裡留下印象的話，我會非常開心。那是以為自己不可能被理解的人，突然感覺被理解的一瞬間，像火柴被擦亮時的小小的火光，讓人感覺非常幸福。

每個人活在這世界上，內心都有自己的傷，但是只要我們能對彼此溫柔，對自己誠實，那些難以對人言的脆弱的感受，終究也能得到呼應。

國家圖書館出版品預行編目 (CIP) 資料

今天雖然很好，但不知道明天會怎樣：別怕受傷，生活就是懂得擁抱傷口再緩慢前行，這樣就很幸福了 / 羽茜著 . -- 初版 . -- 新北市 : 幸福文化出版社出版 : 遠足文化事業股份有限公司發行 , 2022.04　面；　公分
ISBN 978-626-7046-47-0(平裝)
1.CST: 人生哲學

191.9　111001681

富能量　0HDC0035

今天雖然很好，但不知道明天會怎樣

別怕受傷，生活就是懂得擁抱傷口再緩慢前行，這樣就很幸福了

作　　者　羽茜
責任編輯　林麗文
特約編輯　周書宇
封面設計　Bianco Tsai
內頁排版　葉若蒂

總 編 輯　林麗文
副 總 編　梁淑玲、黃佳燕
主　　編　高佩琳、賴秉薇
行銷企劃　林彥伶、朱妍靜
印　　務　江域平、黃禮賢、林文義、李孟儒

社　　長　郭重興
發行人兼出版總監　曾大福
出　　版　幸福文化／遠足文化事業股份有限公司
地　　址　231 新北市新店區民權路 108-1 號 8 樓
網　　址　https://www.facebook.com/happinessbookrep/
電　　話　（02）2218-1417
傳　　真　（02）2218-8057
發　　行　遠足文化事業股份有限公司
地　　址　231 新北市新店區民權路 108-2 號 9 樓
電　　話　（02）2218-1417
傳　　真　（02）2218-1142
電　　郵　service@bookrep.com.tw
郵撥帳號　19504465
客服電話　0800-221-029
網　　址　www.bookrep.com.tw

法律顧問　華洋法律事務所 蘇文生律師
印　　刷　呈靖彩藝有限公司

初版一刷　2022 年 4 月
初版二刷　2022 年 6 月
定　　價　350 元